Elke Huppertz · Giovanni Ciani

Italienisch

Wodoku®

Vokabelspaß mit Wort-Sudokus

Hueber Verlag

„**WODOKU**“ ist ein beim Deutschen Patent- und Markenamt unter dem Aktenzeichen 302008069406 als Wortmarke angemeldetes Zeichen.

Mein Dank gilt Herrn Klemens Lummer für die Gestaltung und den Aufbau der Wodokus. Wir sind seit sechs Jahren ein gutes Team.

3. 2. 1. | Die letzten Ziffern
2019 18 17 16 15 | bezeichnen Zahl und Jahr des Druckes.
Alle Drucke dieser Auflage können, da unverändert, nebeneinander benutzt werden.
1. Auflage

Umschlaggestaltung: creative partners gmbh, München
Redaktion: Stephanie Pfeiffer, Stephanie Strohmeier, Hueber Verlag, München
Layout und Satz: Sieveking • Agentur für Kommunikation, München,
nach einer Idee von Klemens Lummer, Krefeld
Druck und Bindung: Firmengruppe APPL, aprinta druck GmbH, Wemding
Printed in Germany
ISBN 978-3-19-309615-9

Art. 530_16947_001_01

Inhalt

Erläuterungen

Wortschatz-Lernen einmal anders: Mit unseren **Wort-Sudokus** können Sie rund 1000 Wörter aus dem Grundwortschatz Italienisch lernen, wiederholen und festigen und dabei Spaß am Rätseln haben.

Und so geht's:

Kennen Sie Sudoku? Das Logik-Rätsel aus Japan ist seit einigen Jahren auch in Deutschland sehr populär. Die Regeln sind ganz einfach:

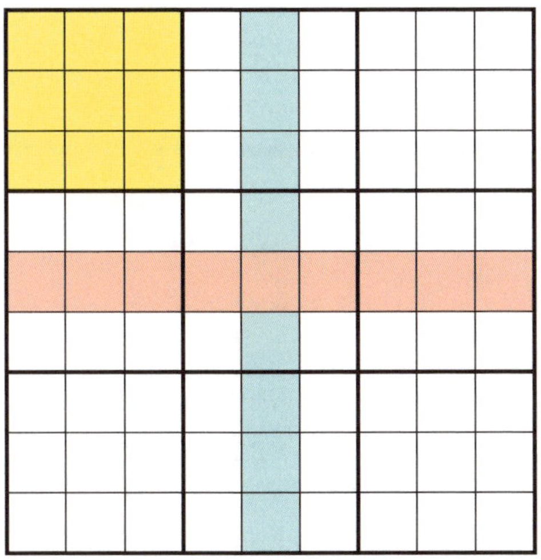

Ein **Neuner-Sudoku** ist ein großes Quadrat, das wiederum aus 9 kleinen Quadraten besteht. Diese setzen sich wieder aus 9 Kästchen zusammen. Außerdem gibt es 9 Reihen und 9 Spalten. In den Kästchen, Reihen und Spalten dürfen die Zahlen von **1 – 9 jeweils nur einmal** vorkommen.

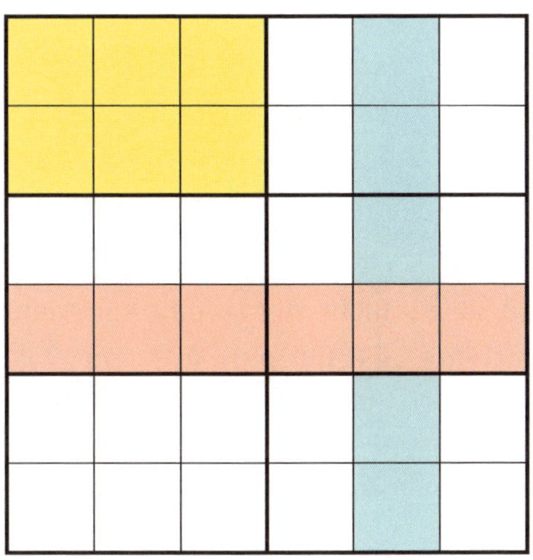

Ein **Sechser-Sudoku** ist ein bisschen einfacher: Es hat nur 6 Kästchen, 6 Reihen und 6 Spalten.

Die Wodokus® sind Wort-Sudokus – Sudokus, in denen statt Zahlen Wörter stehen. Es gibt Sechser- und Neuner-Wodokus®. Für jede Zahl steht ein Wort, jedes Wort darf in den Kästchen, Reihen und Spalten nur einmal vorkommen. Damit es nicht zu schwer ist, bekommt jedes Wort eine Farbe. Ein Wodoku® sieht dann z. B. so aus:

	aprile		feb-braio		giugno
feb-braio		marzo		aprile	
	maggio			gennaio	
		giugno	maggio		
	gennaio			maggio	
marzo		maggio	aprile		gennaio

Und dann sind Sie an der Reihe:

Schreiben Sie die passenden Wörter in die fehlenden Kästchen. Sprechen Sie die Wörter dabei, wenn möglich, laut mit. So trainieren Sie Rechtschreibung und Aussprache gleichzeitig und vergessen das Wort wahrscheinlich nie wieder.
Wenn Sie ein Wort nicht kennen, finden Sie die Übersetzung im Italienisch-Deutschen Glossar ab Seite 106. Für notwendige Übersetzungen ist genügend Platz auf jeder Seite. Arbeiten Sie mit Bleistift und Radiergummi, um eventuelle Fehler korrigieren zu können.

Die Wodokus® gibt es in verschiedenen Schwierigkeitsgraden:

● leicht

●● mittelschwer

●●● schwer

Wenn ein Rätsel zu schwer ist – ein paar schwere sind dabei – und Sie gar nicht mehr weiterkommen, können Sie Hilfe bei den Auflösungen bekommen. Sie finden **sämtliche Lösungen im Anhang** ab Seite 91.

Viel Spaß und Erfolg beim Rätseln & Lernen
wünschen Autoren und Verlag!

essere

sein

1

è	siamo			sono	sono
sei			siete		è
	sei			siete	
	è			sono	
sono		sei			siete
siamo	siete			sei	sono

sono	sei
è	siamo
siete	sono

avere

haben

2

ha	abbia-mo			ho	hanno
hai			avete		ha
	hai	hanno			
			ho	hanno	
hanno		hai			avete
abbia-mo	avete			hai	ho

ho	hai
ha	abbia-mo
avete	hanno

dovere

müssen, sollen

● 7

devi	devono				
	devo		deve	devono	
		dovete	devo		
	dobbiamo			dovete	
	deve	devono		devi	
				devo	deve

devo	devi
deve	dobbiamo
dovete	devono

volere

wollen

8 ●●

				vogliono	
volete	vuoi		voglio	vogliamo	
vuole	voglio			vuoi	volete
	volete			voglio	
vuoi	vogliono	volete		vuole	voglio
	vuole				

voglio	vuoi
vuole	vogliamo
volete	vogliono

dormire

schlafen

● 9

	dormia-mo		dormite	dor-mono	dormi
	dormi		dormo		
		dormia-mo	dor-mono	dormi	
	dormite	dormi	dorme		
				dorme	
dormia-mo	dorme	dormo		dormite	

dormo	dormi
dorme	dormia-mo
dormite	dor-mono

capire

verstehen

10 ●●

capisco		capisce			
		capi-scono		capia-mo	
capisce	capisco			capisci	
	capite			capisco	capia-mo
	capi-scono		capia-mo		
			capisci		capi-scono

capisco	capisci
capisce	capia-mo
capite	capi-scono

amare
lieben

●● 11

amo		ama			
			amo	amiamo	
	amo	amiamo		ami	amate
amano			ama		
ami	amano				
			ami		amano

amo	ami
ama	amiamo
amate	amano

giocare
spielen

12 ●●●

gioco	gio-chiamo				giochi
	giochi	giocano			gioca
gioca					giocate
	giocate			gioco	
giochi			gio-chiamo	gioca	
gio-chiamo				giocate	giocano

gioco	giochi
gioca	gio-chiamo
giocate	giocano

vedere

sehen

●●● 13

		vede	vedete	vedono	
vedete				vediamo	
	vedo	vediamo	vedono	vedi	
vedono		vedi	vede		vediamo
	vedono	vedete			vedo
	vede		vedi		

vedo	vedi
vede	vediamo
vedete	vedono

Interrogativi

Fragewörter

14 ●

		perché?	quanto?		chi?
quanto?	chi?		perché?		
quando?		quanto?	chi?	perché?	
	come?	chi?	dove?		
		quando?		dove?	quanto?
come?		dove?	quando?		

perché?	quanto?
come?	quando?
dove?	chi?

Contrari

Gegenteile

15

illegale	legale	regolare	corretto		
regolare		corretto	legale		illegale
		legale	irrego-lare		
corretto			scor-retto	legale	irrego-lare
	scor-retto	irrego-lare		regolare	

corretto	scor-retto
legale	illegale
regolare	irrego-lare

Contrari

Gegenteile

16

freddo			vecchio		
	vecchio		grande		
	piccolo		giovane		freddo
caldo		giovane		vecchio	
		freddo			piccolo
		piccolo		grande	

grande	piccolo
giovane	vecchio
caldo	freddo

Nomi: ♂ e ♀

Nomen: ♂ und ♀

● 17

il principe	la regina			il re	
		il re		la regina	il principe
la regina	il principe				il re
l’attore				l’attrice	la regina
la principessa	l’attore		il re		
	l’attrice			la principessa	l’attore

l’attore	l’attrice
il re	la regina
il principe	la principessa

Animali: ♂ e ♀

Tiere: ♂ und ♀

18 ●

il toro	la mucca
il gallo	la gallina
il cavallo	la cavalla

	il gallo		il toro	la cavalla	
	il toro		il cavallo		
	la cavalla			la mucca	la gallina
la mucca	la gallina			il toro	
		la gallina		il gallo	
		la cavalla		il cavallo	

Paesi

Länder

●● 19

	Francia		Portogallo		
		Spagna			Italia
	Italia		Germania		Spagna
Inghilterra		Germania		Portogallo	
Germania			Spagna		
	Portogallo	Italia		Germania	

Francia	Portogallo
Germania	Italia
Spagna	Inghilterra

Paesi

Länder

20 ●

Russia	Grecia	Belgio			Paesi Bassi
			Belgio		Russia
	Russia			Belgio	
	Austria			Svizzera	
Paesi Bassi		Grecia			
Austria			Grecia	Paesi Bassi	Belgio

Belgio	Paesi Bassi
Grecia	Svizzera
Austria	Russia

Continenti

Kontinente

● 21

		Sud-america	Asia	Africa	
	Oceania	Africa	Sud-america		
Nord-america	Europa	Asia			
			Europa	Asia	Nord-america
Oceania	Sud-america		Africa	Europa	
Africa			Nord-america		

Europa	Africa
Nord-america	Sud-america
Asia	Oceania

Lingue

Sprachen

22 ●●

	spa-gnolo	italiano			tedesco
inglese					francese
	francese			italiano	
	porto-ghese			inglese	
tedesco					inglese
porto-ghese			spa-gnolo	tedesco	

francese	porto-ghese
tedesco	italiano
spa-gnolo	inglese

In città

In der Stadt

● 23

					la piazza
la fermata dell'autobus	la chiesa	la piazza	il parco		
il parco	la fermata dell'autobus			la piazza	
	il cinema			la chiesa	il parco
		il cinema	la piazza	il bar	la fermata dell'autobus
il bar					

la chiesa	il bar
il cinema	la fermata dell'autobus
la piazza	il parco

Negozi

Geschäfte

24 ●

		la pasticceria	la libreria		
la libreria		la macelleria	la pasticceria		la panetteria
la cartoleria			la pescheria	la pasticceria	
	la macelleria	la pescheria			la cartoleria
la pescheria		la cartoleria	la macelleria		la libreria
		la panetteria	la cartoleria		

la panetteria	la macelleria
la cartoleria	la pasticceria
la libreria	la pescheria

La posta

Die Post

25

				il postino	
il postino	la lettera	la cartolina	il francobollo		
il francobollo					la busta
	la busta			la lettera	
	il francobollo		la cartolina	il pacchetto	il postino
		il postino			

la lettera	la cartolina
il pacchetto	la busta
il francobollo	il postino

I soldi

Das Geld

26

il prezzo	la moneta			la banconota	la carta di credito
il borsellino					
la moneta		il borsellino		l'euro	
	la banconota		il prezzo		la moneta
					il borsellino
la banconota	il borsellino			la carta di credito	l'euro

il prezzo	la banconota
la moneta	l'euro
il borsellino	la carta di credito

Il modulo

Das Formular

● 27

		il nome			il cognome
la nazionalità		la data di nascita			l'indirizzo
la professione		la nazionalità	il cognome		la data di nascita
il nome			l'indirizzo		
il cognome			la data di nascita		la nazionalità
la data di nascita			la professione		

il nome	il cognome
la professione	la nazionalità
la data di nascita	l'indirizzo

Internet

Internet

28 ●

il punto				il trattino	
	l'e-mail	la chiocciola			
la barra					
			il trattino	l'e-mail	la barra
		il punto		la pagina web	
		il trattino		la barra	

l'e-mail	la chiocciola
la pagina web	il punto
la barra	il trattino

Il tempo

Die Zeit

●● 29

il secondo					
	l'ora	il minuto	il giorno		
il mese		la settimana			il minuto
il giorno			il secondo		il mese
		il mese	il minuto	il secondo	
					il giorno

il secondo	il minuto
l'ora	il giorno
il mese	la settimana

Il giorno

Der Tag

30 ●●

il giorno	la mattina
il pomeriggio	la sera
la notte	la mezzanotte

la sera				la mezzanotte	
la mezzanotte		la mattina		la sera	
la notte			il pomeriggio		la sera
la mattina		il pomeriggio			la notte
	la notte		la mattina		la mezzanotte
					il giorno

I mesi

Die Monate

31

	aprile		feb-braio		giugno
feb-braio		marzo		aprile	
	maggio			gennaio	
		giugno	maggio		
	gennaio			maggio	
marzo		maggio	aprile		gennaio

gennaio	feb-braio
marzo	aprile
maggio	giugno

I mesi

Die Monate

32

luglio	agosto
settem-bre	ottobre
novem-bre	dicem-bre

		settem-bre		ottobre	
novem-bre		ottobre			agosto
dicem-bre	agosto			settem-bre	ottobre
settem-bre		luglio	agosto		dicem-bre
luglio			ottobre		novem-bre
	novem-bre		dicem-bre		

La famiglia
Die Familie
●● 33

la sorella			la madre	il figlio	
	il fratello				
il padre		la madre		la figlia	
	il figlio		la sorella		il padre
il fratello		il padre		la sorella	
	la madre				la figlia

il padre	la madre
il fratello	la sorella
il figlio	la figlia

La famiglia
Die Familie
34 ●

	lo zio			il marito	
	la nonna				la moglie
	la moglie	la zia	la nonna	il nonno	
il nonno					lo zio
	il nonno			la moglie	
il marito				la nonna	

il nonno	la nonna
lo zio	la zia
il marito	la moglie

il liceo		la laurea		il diploma	
	la formazione professionale		la laurea		il liceo
l’università		il tirocinio	la formazione professionale		il diploma
la laurea					l’università
la formazione professionale		l’università		il liceo	
	il tirocinio		l’università		la laurea

La formazione

Die Ausbildung

● 35

la laurea	il tirocinio
il diploma	l’università
il liceo	la formazione professionale

Feste

Feste

36 ●

Natale	Carnevale
Pasqua	Capodanno
il compleanno	San Silvestro

San Silvestro	Pasqua			il compleanno	Carnevale
	Carnevale			Pasqua	
	San Silvestro			Natale	
	il compleanno	Carnevale		Capodanno	Pasqua
	Natale			San Silvestro	
il compleanno	Capodanno			Carnevale	Natale

Preposizioni di luogo

Präpositionen bei Ortsangaben

37

		dietro la porta	davanti al televisore	attraverso il bosco	
davanti al televisore				sulla tavola	
	in strada	sulla tavola	attraverso il bosco	fra due alberi	
attraverso il bosco		fra due alberi	dietro la porta		sulla tavola
	attraverso il bosco	davanti al televisore			in strada
	dietro la porta		fra due alberi		

in strada	fra due alberi
dietro la porta	sulla tavola
attraverso il bosco	davanti al televisore

Preposizioni di tempo

Präpositionen bei Zeitangaben

38

da ieri	durante la cena			prima di mangiare	a domani
	a domani	prima di mangiare		durante la cena	
	da ieri	verso le tre	a domani		
dopo il corso				verso le tre	durante la cena
	dopo il corso		prima di mangiare	da ieri	
prima di mangiare	verso le tre			a domani	dopo il corso

da ieri	prima di mangiare
durante la cena	dopo il corso
verso le tre	a domani

Verbi e nomi

Verben und Nomen

39

entrare	uscire	la vita		l'entrata	
				entrare	
		l'uscita	uscire		
vivere		uscire	l'entrata		la vita
	la vita				
	vivere		entrare	la vita	l'uscita

uscire	l'uscita
entrare	l'entrata
vivere	la vita

Verbi e nomi

Verben und Nomen

40

il pranzo	la cena		cenare	la bevanda	pran-zare
	pran-zare				
la cena		cenare		bere	
	la bevanda		il pranzo		la cena
				il pranzo	
la bevanda	cenare	il pranzo		pran-zare	bere

pran-zare	il pranzo
bere	la bevanda
cenare	la cena

Verbi e preposizioni

Verben und Präpositionen

41

cominciare a	sposarsi con				innamorarsi di
	innamorarsi di	telefonare a			finire di
finire di					separarsi da
	separarsi da			cominciare a	
innamorarsi di			sposarsi con	finire di	
sposarsi con				separarsi da	telefonare a

cominciare a	innamorarsi di
finire di	sposarsi con
telefonare a	separarsi da

Aggettivi e nomi

Adjektive und Nomen

42

		ricco			
libero		la ricchezza	ricco	la libertà	la povertà
	la povertà		povero		la ricchezza
ricco		povero		libero	
povero	ricco	la libertà	la ricchezza		libero
			la libertà		

povero	la povertà
ricco	la ricchezza
libero	la libertà

Numeri cardinali

Grundzahlen

● 43

sei		uno			due
quattro		cinque			sei
	sei		due		
		due		quattro	
due			cinque		quattro
cinque			tre		uno

uno	due
tre	quattro
cinque	sei

Numeri cardinali

Grundzahlen

44 ●

	nove		dieci	undici	
	otto		sette		
nove	dodici			sette	undici
sette					nove
		nove		dodici	
	dieci	dodici		otto	

sette	otto
nove	dieci
undici	dodici

Numeri cardinali

Grundzahlen

●● 45

diciotto				tredici				undici
quattordici		sedici	quindici	undici	diciotto	diciassette		dodici
tredici				quattordici		sedici		
		undici		sedici		diciotto		
sedici	dodici		tredici		quindici		undici	quattordici
		tredici		dodici		quindici		
undici			dodici	diciotto				quindici
quindici		diciassette	undici	diciannove	quattordici	dodici		diciotto
		diciannove		quindici				diciassette

undici	dodici	tredici	quattordici	quindici	sedici	diciassette	diciotto	diciannove

Numeri cardinali

Grundzahlen

46

venti	novanta		ses-santa	settanta			cento	
trenta	qua-ranta				ottanta	venti	settanta	novanta
	cin-quanta	settanta		venti	trenta	qua-ranta		ses-santa
	ses-santa					ottanta	novanta	
ottanta	settanta	cento		ses-santa		cin-quanta	venti	qua-ranta
	venti	cin-quanta			cento		trenta	
cin-quanta		qua-ranta		novanta	venti	settanta	ses-santa	
settanta	trenta	novanta	ottanta		ses-santa		cin-quanta	venti
	cento		settanta	trenta			qua-ranta	ottanta

venti	trenta	qua-ranta	cin-quanta	ses-santa	settanta	ottanta	novanta	cento

Numeri cardinali

Grundzahlen

●● 47

trentadue			novantotto		centonove	ventuno		cinquantaquattro
cinquantaquattro	centonove	settantasei		quarantatré				
		ventuno		ottantasette			trentadue	settantasei
	trentadue		centonove	novantotto	ventuno		settantasei	
quarantatré		centonove				cinquantaquattro		
	ventuno	novantotto				trentadue	ottantasette	
ventuno				sessantacinque		quarantatré		
				ventuno		settantasei	cinquantaquattro	ottantasette
settantasei		quarantatré	trentadue		ottantasette			sessantacinque

ventuno	trentadue	quarantatré	cinquantaquattro	sessantacinque	settantasei	ottantasette	novantotto	centonove

Numeri ordinali

Ordnungszahlen

48 ●

sesto						primo	terzo	
quinto	secondo	ottavo		quarto	terzo		settimo	
		primo		nono	secondo		ottavo	
nono					primo	quarto		
	terzo	quinto		ottavo			primo	nono
quarto			secondo			terzo		
	nono	terzo	quinto	secondo		sesto		
ottavo	sesto		nono	primo		secondo	quinto	terzo
	quinto							settimo

primo	secondo	terzo	quarto	quinto	sesto	settimo	ottavo	nono

Colori

Farben

49

	nero				giallo			azzurro
grigio		bianco					rosso	
arancione	giallo		verde		viola	bianco	nero	grigio
				verde		rosso	bianco	
viola	bianco	rosso	azzurro		arancione	verde		nero
	arancione	grigio		nero	bianco	azzurro		
giallo	viola		bianco	grigio				
	rosso					grigio		verde
azzurro			nero		rosso		giallo	

giallo	arancione	rosso	nero	azzurro	bianco	verde	grigio	viola

Il tempo

Das Wetter

50 ●●

					la pioggia		il sole	la nebbia
il caldo							il vento	la tempesta
	la tempesta	il sole	il vento	il temporale			il caldo	
la neve		la tempesta			il temporale	la pioggia		
		il freddo	la nebbia	il sole	la tempesta	il caldo		
il temporale	la nebbia				la neve	il vento		
la pioggia	il freddo		il sole					
	il caldo				la nebbia			
	il vento	la nebbia	il temporale			il sole	il freddo	la neve

il freddo	la tempesta	il temporale	il caldo	il sole	la neve	il vento	la pioggia	la nebbia

Il corso dell’anno

Der Jahresverlauf

● 51

	l’autunno			l’inverno		il giorno		l’estate
	la settimana	l’inverno					l’anno	la primavera
l’estate	l’anno			la settimana	il mese	l’autunno	il tempo	
	la primavera		l’anno	l’estate				
	il giorno	il tempo	l’autunno					
l’anno	il mese	l’estate					l’inverno	
il giorno	il tempo	la settimana		la primavera		l’estate	il mese	
			il mese				l’autunno	il giorno
l’autunno			l’estate	l’anno		la settimana		il tempo

la primavera	l’estate	l’autunno	l’inverno	l’anno	il tempo	il giorno	il mese	la settimana

La settimana

Die Woche

52 ●●

il giorno			il giovedì		il mercoledì	la domenica		il martedì
	il fine settimana	il lunedì					il giovedì	
	il martedì	il giovedì	il sabato	il giorno			il fine settimana	il mercoledì
il fine settimana		la domenica		il venerdì				il lunedì
il martedì		il sabato	il fine settimana			il giorno		il venerdì
il venerdì	il lunedì				il martedì	il fine settimana		il sabato
il giovedì	il giorno			il sabato	il fine settimana	il mercoledì	il venerdì	
	il venerdì		la domenica			il lunedì	il giorno	
il lunedì		il fine settimana	il venerdì		il giorno			il giovedì

il lunedì	il martedì	il mercoledì	il giovedì	il venerdì	il sabato	la domenica	il fine settimana	il giorno

L’abbigliamento

Die Kleidung

53

	l’impermeabile	il cappotto			la camicetta			i pantaloni
	il vestito		la gonna	la camicia	la cintura	la maglietta		
la camicia	la cintura				il cappotto	la gonna	il vestito	la camicetta
la maglietta	la camicetta	i pantaloni		l’impermeabile		il cappotto	la gonna	
			i pantaloni	la cintura	la gonna		la maglietta	l’impermeabile
	la gonna					il vestito		
l’impermeabile		la gonna		il cappotto				il vestito
		il vestito	la camicetta		i pantaloni		la cintura	
la camicetta		la cintura	la maglietta			la camicia	il cappotto	

il vestito	il cappotto	la camicia	i pantaloni	la camicetta	la gonna	l’impermeabile	la cintura	la maglietta

L'abbigliamento

Die Kleidung

54 ●

		il pigiama	il maglione		le scarpe			
il maglione	le scarpe	il cappello				il pigiama	la giacca	la camicia da notte
		la giacca	la camicia da notte		il pigiama			il maglione
	gli stivali			il maglione				le calze
la camicia da notte		le calze	il cappello	gli stivali	i guanti	il maglione		le scarpe
i guanti				la camicia da notte			il cappello	
		gli stivali	i guanti		la camicia da notte	il cappello		
il pigiama	il maglione	la camicia da notte				le scarpe	gli stivali	i guanti
la giacca			gli stivali		il maglione	le calze		

le calze	il maglione	la giacca	il cappello	le scarpe	gli stivali	i guanti	il pigiama	la camicia da notte

L'appartamento

Die Wohnung

●● 55

la chiave		la scala		i mobili	la terrazza	la porta	l'ascensore	il primo piano
la terrazza					la scala	la finestra		il balcone
il primo piano	l'ascensore	la finestra		la chiave				
		il balcone		la porta			la scala	la chiave
	la porta	la chiave			l'ascensore		il balcone	i mobili
i mobili		il primo piano						la finestra
					i mobili	la scala	il primo piano	la terrazza
il balcone	la scala			l'ascensore	la finestra	la chiave		la porta
la porta				la terrazza	la chiave			

la porta	la chiave	la scala	l'ascensore	il primo piano	i mobili	la terrazza	la finestra	il balcone

Le faccende domestiche

Der Haushalt

56

la pulizia	la lavastoviglie		il ferro da stiro	la lavatrice			l'aspirapolvere	
	la scopa		la paletta		lo spazzolone	la pulizia	la lavatrice	la lavastoviglie
	la paletta	la lavatrice		la pulizia	il secchio	la scopa		il ferro da stiro
	il ferro da stiro					lo spazzolone	la lavastoviglie	
lo spazzolone	la lavatrice	l'aspirapolvere		il ferro da stiro		la paletta	la pulizia	la scopa
	la pulizia	la paletta			l'aspirapolvere		il secchio	
la paletta		la scopa		la lavastoviglie	la pulizia	la lavatrice	il ferro da stiro	
la lavatrice	il secchio	la lavastoviglie	lo spazzolone		il ferro da stiro		la paletta	la pulizia
	l'aspirapolvere		la lavatrice	il secchio			la scopa	lo spazzolone

la scopa	lo spazzolone	il secchio	la pulizia	il ferro da stiro	l'aspirapolvere	la lavatrice	la lavastoviglie	la paletta

Le stanze della casa

Die Zimmer im Haus

●● 57

la sala da pranzo					il corridoio			la cucina
il corridoio		il bagno	lo studio	la cucina	la stanza	la sala da pranzo		la cantina
la cucina		la stanza			la cantina	lo studio		il bagno
			la stanza		il soggiorno			
	la cantina	lo studio				il corridoio	la stanza	
il bagno			la sala da pranzo		lo studio			il soggiorno
lo studio		la sala da pranzo	la camera da letto			il soggiorno		il corridoio
la stanza		il soggiorno	la cantina	lo studio	il bagno	la cucina		la camera da letto
la cantina			il corridoio					la stanza

il soggiorno	la sala da pranzo	il bagno	la cucina	la stanza	lo studio	la cantina	la camera da letto	il corridoio

In cucina

In der Küche

58 ●

	il forno				il frigorifero			il microonde
	la pentola			il forno		la padella		la lavastoviglie
la caffettiera		il frigorifero	la padella		il microonde		la pentola	il forno
	la padella	la lavastoviglie	la spazzatura		la pentola	il frigorifero	il lavello	
			il forno		la padella			
il microonde	il lavello			la caffettiera			la padella	la spazzatura
la lavastoviglie	il frigorifero		la caffettiera				il microonde	
il lavello		il forno		il frigorifero			la caffettiera	
la pentola					il lavello	la spazzatura		il frigorifero

il frigorifero	il forno	la spazzatura	il microonde	la caffettiera	la lavastoviglie	il lavello	la padella	la pentola

In soggiorno

Im Wohnzimmer

●● 59

	la biblioteca	il comò		lo scaffale		la poltrona	il tavolo	
	il tavolo		la poltrona		la sedia	la biblioteca	la tenda	il tappeto
la tenda		la sedia			il tappeto			
		il tappeto			il divano			
la poltrona			la tenda		il tavolo	la sedia	il comò	
	il divano	il tavolo	la biblioteca			lo scaffale	il tappeto	
la biblioteca		la poltrona	il comò					il tavolo
	la sedia	lo scaffale			la poltrona	la tenda	la biblioteca	
	il comò		la sedia	il divano				la poltrona

il tavolo	la sedia	la poltrona	la tenda	la biblioteca	il tappeto	il comò	lo scaffale	il divano

In bagno

Im Badezimmer

60 ●●

	la doccia			lo specchio	la vasca da bagno	il dentifricio		il pettine
il pettine	lo specchio	il dentifricio		il sapone			lo spazzolino da denti	
		l'asciugamano					la doccia	il lavabo
il dentifricio		lo spazzolino da denti		il lavabo	la doccia	il pettine		la vasca da bagno
					l'asciugamano			lo spazzolino da denti
il lavabo	la vasca da bagno	il sapone		il pettine			il dentifricio	la doccia
l'asciugamano		lo specchio	lo spazzolino da denti					il sapone
il sapone			il lavabo					
la doccia		il pettine	la vasca da bagno	il dentifricio			l'asciugamano	lo specchio

lo specchio	il lavabo	la doccia	il dentifricio	la vasca da bagno	il pettine	l'asciugamano	lo spazzolino da denti	il sapone

In giardino

Im Garten

●● 61

il fiore	l’insetto	la foglia		l’uccello	la pianta	l’albero		il giardinaggio
	l’uccello		la lumaca				la pianta	
	l’albero				l’insetto	la siepe		il fiore
			l’albero		la lumaca		il giardinaggio	
la lumaca		il giardinaggio				la pianta		l’insetto
	la pianta		l’insetto		la siepe			
la foglia		l’uccello	la pianta				la siepe	
	il giardinaggio				la foglia		l’insetto	
l’insetto		la pianta	l’uccello	la siepe		la foglia	il fiore	l’albero

il giardinaggio	la pianta	il fiore	l’albero	la foglia	l’insetto	la siepe	la lumaca	l’uccello

In vacanza

Im Urlaub

62 ●●

la valigia	il soggiorno	la guida			il campeggio	il turista		
il turista				il riposo	il viaggio			
		il riposo			il turista	l'albergo	la valigia	l'appartamento
				la valigia			il soggiorno	l'albergo
il soggiorno	il riposo		l'appartamento		l'albergo		la guida	il campeggio
l'albergo	la guida			il campeggio				
il viaggio	l'albergo	il turista	il soggiorno			il campeggio		
			il turista	il viaggio				
		l'appartamento	il campeggio			il viaggio	il turista	il soggiorno

il viaggio	l'albergo	la valigia	l'appartamento	il soggiorno	il turista	il campeggio	la guida	il riposo

In albergo

Im Hotel

●● 63

la chiave		il bagno					la reception	la camera doppia
la pensione completa			la camera singola	il bagno		la mezza pensione	la chiave	
la camera singola	la camera doppia		la reception	la mezza pensione		la pensione completa		
	la camera singola		la prenotazione		la reception		il bagno	
la mezza pensione								la camera singola
la reception	la doccia		la mezza pensione		il bagno		la camera doppia	la chiave
		la camera doppia		la reception	la camera singola	il bagno		la prenotazione
	la pensione completa	la mezza pensione		la doccia	la prenotazione	la chiave		la reception
la prenotazione							la doccia	la pensione completa

la camera singola	la camera doppia	la chiave	la pensione completa	la prenotazione	il bagno	la doccia	la mezza pensione	la reception

Sulla spiaggia

Am Strand

64

l’onda	la paletta		l’asciugamano	il bikini			il secchiello	
	il mare		il costume da bagno		l’ombrellone	l’onda	il bikini	la paletta
	il costume da bagno	il bikini		l’onda	la sabbia	il mare		l’asciugamano
	l’asciugamano					l’ombrellone	la paletta	
l’ombrellone	il bikini	il secchiello		l’asciugamano		il costume da bagno	l’onda	il mare
	l’onda	il costume da bagno			il secchiello		la sabbia	
il costume da bagno		il mare		la paletta	l’onda	il bikini	l’asciugamano	
il bikini	la sabbia	la paletta	l’ombrellone		l’asciugamano		il costume da bagno	l’onda
	il secchiello		il bikini	la sabbia			il mare	l’ombrellone

l’onda	la sabbia	il secchiello	la paletta	il mare	il costume da bagno	l’ombrellone	l’asciugamano	il bikini

La città

Die Stadt

●●● 65

il viale					la posta		la banca	il museo
la via	il museo			la banca		l'incro-cio		il mar-ciapiede
		il mar-ciapiede	il quar-tiere	l'incro-cio				
l'incro-cio	il quar-tiere					la posta		il sema-foro
il sema-foro		il viale	la posta		la via		l'incro-cio	
					la banca	il viale		
il mar-ciapiede							il viale	la via
	la banca	il sema-foro	la via		l'incro-cio	il mar-ciapiede		
la posta			il museo				il quar-tiere	

il quar-tiere	il mar-ciapiede	l'incro-cio	la via	la posta	il viale	il museo	la banca	il sema-foro

Edifici e luoghi

Gebäude und Plätze

66 ●●

la chiesa				la torre			il mercato	il castello
	la torre		il castello		il parco		l'opera	
		l'opera		la chiesa		il parco	la torre	
		il municipio	la chiesa			l'opera		il mercato
	l'opera		la torre		il municipio		il ponte	
il parco		la chiesa	il ponte			la torre		
la cattedrale	il parco			il castello		il mercato		
	il municipio		il parco		la chiesa		la cattedrale	
	la chiesa	il castello		la cattedrale				il municipio

il parco	la cattedrale	il municipio	la chiesa	la torre	il mercato	il castello	il ponte	l'opera

Al commissariato

Auf dem Polizeirevier

67

il poliziotto		la descrizione	il testimone		la vittima	la denuncia	la violenza	
la violenza		la vittima					il delitto	il ladro
il ladro			il delitto		la descrizione			
il delitto		la denuncia					il poliziotto	
	la descrizione		il ladro	il delitto	la discussione		il testimone	
	la violenza			la descrizione		la vittima		il delitto
			la descrizione		il delitto	la discussione		il testimone
la discussione	il ladro					il poliziotto		la vittima
	il poliziotto	il testimone	la vittima		il ladro			la violenza

la descrizione	la discussione	il poliziotto	la denuncia	il ladro	il testimone	il delitto	la vittima	la violenza

Mezzi di trasporto

Verkehrsmittel

68 ●

il treno	la metropolitana	la macchina	l’aereo				la bicicletta	
il camion				l’autobus	la bicicletta	il treno	la barca	la macchina
l’autobus		la barca	la moto			il camion		l’aereo
		la metropolitana		la moto		la macchina		
	la barca		la bicicletta		l’aereo	l’autobus	il camion	
l’aereo				la metropolitana				la barca
la moto		la bicicletta	l’autobus		la metropolitana	la barca		il camion
la metropolitana	il treno	il camion	la barca					la moto
	l’aereo				la moto	la metropolitana	la macchina	la bicicletta

la macchina	il camion	la moto	l’aereo	la metropolitana	la barca	la bicicletta	il treno	l’autobus

Alla stazione

Am Bahnhof

69

il biglietto		il binario		il controllore			l'arrivo	
	il viaggiatore		il biglietto		il treno	lo sportello		il binario
l'orario		l'arrivo		la partenza		il controllore		il biglietto
		lo sportello	l'arrivo		l'orario	il biglietto	la partenza	
	il controllore	la partenza				l'orario	il treno	
	l'orario	il biglietto	il controllore		la partenza	l'arrivo		
lo sportello		l'orario		il viaggiatore		il binario		il treno
il binario		il viaggiatore	il treno		lo sportello		il controllore	
	la partenza			il biglietto		il viaggiatore		l'orario

il treno	lo sportello	il biglietto	l'arrivo	l'orario	il binario	la partenza	il viaggiatore	il controllore

All’aeroporto

Am Flughafen

70 ●

il passeggero	la destinazione	il pilota			l’hostess			il bagaglio
					il volo	il pilota	il decollo	
	il decollo	il bagaglio		il passeggero		l’aereo	la destinazione	
il decollo		l’atterraggio	il passeggero		la destinazione		il pilota	l’aereo
				l’hostess				
	l’aereo	il passeggero	il pilota	il volo				l’atterraggio
l’hostess				il decollo	l’aereo		l’atterraggio	
	il bagaglio	l’aereo	la destinazione			il decollo		il volo
il pilota	il volo				il bagaglio	il passeggero		

la destinazione	l’aereo	il bagaglio	l’hostess	il decollo	l’atterraggio	il passeggero	il volo	il pilota

Geografia

Geografie

● 71

		il conti-nente	il paese		la fron-tiera	il nord		l’est
	l’ovest			la regione		il sud		
	il sud		l’est					la regione
		il nord				l’ovest		il paese
l’ovest					il mondo			il conti-nente
il paese	il conti-nente			la fron-tiera	la regione		il sud	
			la fron-tiera				la regione	il mondo
il sud		l’est			il paese			l’ovest
il mondo			il conti-nente	il nord	l’ovest		l’est	

il nord	il sud	l’est	l’ovest	il conti-nente	il paese	la fron-tiera	la regione	il mondo

Geografia

Geografie

72 ●●●

	l'oceano	il fiume	la natura		la costa	la montagna		la valle
				il lago		la natura	il bosco	
		il bosco	il fiume					il paesaggio
		il lago	il bosco					
la natura	la costa	il paesaggio		la valle	la montagna		l'oceano	
il bosco			il paesaggio			la costa		
il fiume		l'oceano			la natura	il lago	la valle	
la montagna						il paesaggio		
la valle		la costa		il fiume	il lago			

l'oceano	la natura	il paesaggio	il fiume	il bosco	la costa	la montagna	il lago	la valle

L'universo

Das Weltall

●● 73

		la stella	la terra	il cielo	lo spazio	la luna	la cometa	
il pianeta	il cielo						la stella	
		lo spazio	il pianeta			il satellite		la terra
il satellite	il pianeta		la stella		la terra	il cielo		il sole
	il sole			la cometa		il pianeta		
	lo spazio			la luna		la terra		la cometa
il cielo		il sole	il satellite		la cometa	lo spazio		
				la stella				il satellite
la cometa	la luna		lo spazio	la terra	il sole	la stella		

il cielo	la stella	la luna	la terra	la cometa	lo spazio	il sole	il pianeta	il satellite

Animali

Tiere

74

		la pecora	la scimmia	il cane				il gatto
il cane	il leone	la scimmia			il topo		il cavallo	l'orso
		il topo	il cavallo			il leone		il cane
		il gatto	il lupo		il cavallo	la scimmia	la pecora	il topo
il topo				la scimmia				il leone
la scimmia	il lupo	l'orso	il topo		la pecora	il gatto		
il cavallo		il leone	la pecora			il cane		
	la scimmia				il lupo	l'orso	il topo	la pecora
la pecora			l'orso	il gatto	il cane			

il topo	il cavallo	il cane	il gatto	la scimmia	il leone	il lupo	l'orso	la pecora

In campagna

Auf dem Land

75

il bue				la gallina			il maiale	
il trattore	la gallina	il maiale		il bue			la mucca	la fattoria
		il campo	il trattore		la mucca		il bue	
il contadino					la fattoria	la terra		
		la mucca	la terra	il contadino				il trattore
la fattoria			il maiale			la mucca		
	il contadino		il campo		il maiale	il bue		
la mucca	il trattore			la terra		la gallina	il campo	il maiale
	il campo			la mucca				il contadino

la fattoria	il contadino	la terra	il campo	il trattore	il bue	la mucca	il maiale	la gallina

Il menu

Die Speisekarte

76 ●●

		l’insalata			il piatto del giorno		la bibita	la pizza
	il piatto del giorno	il primo (piatto)				l’aperitivo		
la pizza		il secondo (piatto)	l’aperitivo		il dolce		l’insalata	l’antipasto
il primo (piatto)	il secondo (piatto)	l’antipasto			la pizza			
				il piatto del giorno		l’insalata	il dolce	
				l’aperitivo	la bibita			il primo (piatto)
l’insalata				la bibita			il primo (piatto)	l’aperitivo
		la pizza	il dolce			il secondo (piatto)	l’antipasto	
	l’aperitivo			l’antipasto				

l’antipasto	il primo (piatto)	l’aperitivo	il secondo (piatto)	il dolce	il piatto del giorno	la pizza	la bibita	l’insalata

La prima colazione

Das Frühstück

● 77

il panino	il cappuccino		lo zucchero	la marmellata			il cornetto	
il tè	il miele		i biscotti		la cioccolata	il panino	la marmellata	il cappuccino
	i biscotti	la marmellata		il panino	il tè	il miele		lo zucchero
	lo zucchero					la cioccolata	il cappuccino	
la cioccolata	la marmellata	il cornetto		lo zucchero		i biscotti	il panino	il miele
	il panino	i biscotti			il cornetto		il tè	
i biscotti		il miele		il cappuccino	il panino	la marmellata	lo zucchero	
la marmellata	il tè	il cappuccino	la cioccolata		lo zucchero		i biscotti	il panino
	il cornetto		la marmellata	il tè			il miele	la cioccolata

il panino	il tè	il cappuccino	il miele	la marmellata	il cornetto	lo zucchero	i biscotti	la cioccolata

Il pranzo

Das Mittagessen

78

la bistecca	la torta	il risotto		la minestra		l’insalata	i tortellini	
la minestra	la frittata	l’insalata		i tortellini		il sugo		il contorno
		il contorno		la frittata			la bistecca	il risotto
i tortellini	l’insalata		la minestra		il risotto			il sugo
	il contorno						il risotto	
		il sugo	la bistecca		i tortellini	la torta	la minestra	
	la bistecca	la frittata		il sugo		il contorno		
l’insalata		la torta	la frittata	il risotto	il contorno	i tortellini	il sugo	la bistecca
il contorno	il sugo			la bistecca		il risotto	la frittata	la torta

la torta	il sugo	la bistecca	il contorno	l’insalata	la minestra	il risotto	la frittata	i tortellini

Apparecchiare

Den Tisch decken

79

la tazza	il piatto	il cucchiaio					la forchetta	
			il coltello		le posate		il tovagliolo	
le posate	il coltello		la tazza	la forchetta	il cucchiaio	il bicchiere	il piatto	la tovaglia
	la tovaglia				il bicchiere	il tovagliolo	il cucchiaio	le posate
il tovagliolo	il cucchiaio	la forchetta		il coltello	il piatto	la tazza		
il bicchiere							il coltello	
	la forchetta	le posate			la tazza	il coltello	il bicchiere	il tovagliolo
il piatto	la tazza		il tovagliolo	il bicchiere		la tovaglia		il cucchiaio
la tovaglia		il bicchiere		le posate		la forchetta		il piatto

il piatto	il coltello	il cucchiaio	la forchetta	la tovaglia	le posate	il bicchiere	la tazza	il tovagliolo

Al supermercato

Im Supermarkt

80 ●

	il pane		il salame	lo yogurt		il formaggio		
	le uova				il pane	la carne		il riso
la pasta	la carne	il salame	il riso			il burro		
			le uova	il burro	il riso			
il formaggio	il riso		la carne	il pane		il salame		
il burro	lo yogurt		la pasta			il pane	il riso	le uova
		lo yogurt			il salame	la pasta	il burro	la carne
il pane		il riso	il formaggio				lo yogurt	
		la pasta		le uova	il burro		il formaggio	

il pane	il burro	il formaggio	la pasta	il salame	il riso	la carne	le uova	lo yogurt

Al supermercato

Im Supermarkt

81

il succo				il prosciutto	l'olio	il pepe	la bibita	
il prosciutto	il sale	la bibita		il pesce				il latte
		il pepe	la verdura			il sale		il succo
il pesce	l'olio	il latte		la bibita		la verdura		
la verdura			il latte		il sale	il pesce		la bibita
	il pepe			l'olio		il latte		
il latte		l'olio	il prosciutto			il succo		
		il pesce		la verdura		il prosciutto	il pepe	l'olio
	la verdura			il succo	il pesce			il sale

il pepe	il latte	il pesce	l'olio	il sale	la bibita	la verdura	il prosciutto	il succo

Verdure

Gemüse

82 ●●

	la cipolla				la melanzana		il cavolo	
	la carota		il pomodoro		i fagioli	lo zucchino		la cipolla
i fagioli	il cavolo	l’asparago		la patata			la melanzana	
la carota	la patata					l’asparago		
l’asparago	il pomodoro			lo zucchino			la cipolla	la melanzana
la cipolla		la melanzana					la patata	la carota
	i fagioli			il pomodoro		la melanzana	lo zucchino	l’asparago
il cavolo		lo zucchino	la patata		la carota		il pomodoro	
	la melanzana		i fagioli				la carota	

la cipolla	lo zucchino	il pomodoro	la carota	la patata	la melanzana	l’asparago	i fagioli	il cavolo

Frutta

Obst

● 83

	la fragola		la pera	la ciliegia	il melone		la mela	
	la pera	l'arancia					il melone	la fragola
		il melone		la banana	l'arancia		la susina	la ciliegia
la mela		la banana	la ciliegia		la pera	la susina		il melone
	la susina	la pera				la ciliegia	la pesca	
		la ciliegia	la pesca		la fragola	la mela		
il melone	la banana		l'arancia	la pesca		la fragola		
la susina	la ciliegia					la pesca	l'arancia	
	l'arancia		la banana	la fragola	la susina		la ciliegia	

la banana	la mela	l'arancia	la ciliegia	la susina	la fragola	la pesca	il melone	la pera

Bevande

Getränke

84 ●●

	l’acqua	il succo						
l’aperitivo		il caffè	il tè		la bibita	la birra		la coca-cola
il tè	la bibita			il caffè			il succo	
la bibita			il caffè		il vino			l’aperitivo
il succo		la birra	la coca-cola		l’aperitivo	l’acqua		il tè
		il tè	il succo		la birra	il caffè		
	la birra			il vino			l’aperitivo	il succo
l’acqua		l’aperitivo	la bibita		il tè	il vino		la birra
						la coca-cola	la bibita	

l’acqua	il succo	il caffè	il tè	la bibita	la birra	il vino	l’aperitivo	la coca-cola

Il corpo umano

Der menschliche Körper

85

		la schiena	la testa	la gamba	la mano	la bocca		il ginocchio
il naso		il ginocchio		la spalla			la testa	la gamba
		la testa		il collo				
la testa	il ginocchio		il naso		il collo		la gamba	la bocca
	il naso			il ginocchio			il collo	
	la spalla	il collo				il ginocchio	la schiena	
			la schiena	la testa	la spalla	la mano		
la mano	la testa			la bocca		il naso		la schiena
il collo		la bocca		il naso		la gamba		

la bocca	la schiena	la gamba	la testa	il ginocchio	il collo	la spalla	la mano	il naso

Il corpo umano

Der menschliche Körper

86

il piede		il braccio		la pancia			il dito	
			il piede				il petto	
il petto	la fronte	il dito			la pelle			la pancia
la pancia	la pelle				il petto	il piede		
il viso			la fronte		l'orec-chio			il braccio
		l'orec-chio		la pelle			il viso	il petto
il braccio			il dito			l'orec-chio		la pelle
	il piede				la pancia			
	il dito			il viso		il petto	la fronte	il piede

il piede	il petto	la pancia	il dito	il viso	l'orec-chio	la fronte	il braccio	la pelle

Dal medico

Beim Arzt

●● 87

l'in-fluenza		la ricetta				la medi-cina		il medico
la salute		la tosse	la febbre		la sala di attesa		il raffred-dore	
				la medi-cina	l'in-fluenza	la salute		la tosse
la sala di attesa			il raffred-dore			la tosse	il medico	
	la tosse	la medi-cina		l'in-fluenza		la febbre	la ricetta	
	la ricetta	la febbre	la medi-cina					il raffred-dore
la medi-cina		la salute						
	la febbre		il medico		la medi-cina	l'in-fluenza		la sala di attesa
la tosse		la sala di attesa		la febbre	il raffred-dore	il medico		la ricetta

la salute	il medico	la febbre	la tosse	la medi-cina	la sala di attesa	il raffred-dore	l'in-fluenza	la ricetta

Il carattere

Der Charakter

88

gentile			serio			triste	simpa-tico	diver-tente
	simpa-tico	sensi-bile			nervoso	tran-quillo		allegro
triste	tran-quillo	diver-tente		gentile		sensi-bile	nervoso	
			gentile		sensi-bile			
		tran-quillo		simpa-tico	serio			triste
allegro	sensi-bile		diver-tente	tran-quillo		simpa-tico		nervoso
		nervoso	tran-quillo	allegro		serio		
	serio	simpa-tico		triste		allegro		sensi-bile
		triste					diver-tente	gentile

gentile	serio	simpa-tico	nervoso	diver-tente	sensi-bile	allegro	triste	tran-quillo

Sentimenti e punti di vista

Gefühle und Einstellungen

89

piacere	tollerare			interessarsi			amare	ammirare
			odiare		detestare			preferire
	ammirare	preferire				interessarsi	sopportare	
amare				odiare	tollerare			
		piacere				preferire		
tollerare		sopportare	ammirare	preferire		amare		detestare
odiare	interessarsi		preferire		ammirare	piacere		
	amare			tollerare				
preferire		ammirare		detestare		odiare		sopportare

piacere	detestare	preferire	interessarsi	ammirare	amare	tollerare	sopportare	odiare

L'aspetto fisico

Das äußere Erscheinungsbild

90 ●

	bello		alto	magro		carino		brutto
grande	magro	carino		brutto				
	piccolo			basso	carino	magro		grasso
piccolo			magro					basso
grasso	carino	basso	grande	alto		brutto	bello	magro
		brutto			bello	piccolo	carino	
alto		piccolo	carino	bello			brutto	
	grasso			piccolo		basso	magro	carino
carino		magro		grande	basso		alto	

carino	piccolo	magro	grasso	alto	grande	brutto	basso	bello

Il tempo libero

Freizeitbeschäftigungen

91

dipingere		disegnare			ballare	ascoltare musica	fare bricolage	passeggiare
cantare							giocare	dipingere
passeggiare		leggere		dipingere	fare bricolage		disegnare	
		passeggiare					cantare	
giocare			leggere	ascoltare musica	passeggiare		ballare	disegnare
ballare	fare bricolage	ascoltare musica			giocare	passeggiare		leggere
disegnare		giocare		passeggiare	leggere		ascoltare musica	fare bricolage
fare bricolage			ascoltare musica			dipingere		
	leggere	dipingere	ballare					giocare

leggere	giocare	dipingere	fare bricolage	passeggiare	ballare	disegnare	cantare	ascoltare musica

Sport

Sport

92 ●●●

il ciclismo						la gara	il calcio	il tennis
	il tennis	il calcio	la gara	la squadra		la partita		
la partita				il ciclismo				
				il calcio	il nuoto	il golf	il record	
	la gara				la partita		il ciclismo	
la squadra	il golf	il nuoto	il record			il calcio	il tennis	
il record		il ciclismo	il golf		la squadra			il nuoto
	la partita				la gara	il record	la squadra	
		il tennis	il nuoto					il golf

il tennis	la squadra	la partita	la gara	il record	il calcio	il ciclismo	il golf	il nuoto

Inviti

Einladungen

93

	il regalo	il compleanno		l’ospite		la festa		
			il matrimonio	l’invitato	il regalo		il compleanno	l’anniversario
il matrimonio	la sorpresa						la celebrazione	
	l’anniversario	il matrimonio	l’ospite		l’invitato	la celebrazione	il regalo	
		il regalo		la sorpresa		l’invitato		
la celebrazione			il compleanno		l’anniversario			la sorpresa
	la celebrazione						l’ospite	la festa
l’invitato	l’ospite		il regalo	la celebrazione	il compleanno			
		la sorpresa		l’anniversario		il regalo	l’invitato	

il regalo	la festa	il compleanno	l’ospite	la sorpresa	il matrimonio	la celebrazione	l’invitato	l’anniversario

Divertimenti

Unterhaltung

94

	la discoteca	il teatro				il festival		la televisione
la televisione				la musica	il concerto		il film	
il film		il concerto				il cinema	l’opera	
	il cinema		la musica					la discoteca
			la televisione			il concerto	il teatro	l’opera
l’opera	il teatro			il concerto	il festival	la musica		il cinema
					il film			
il cinema		il festival		il teatro			la discoteca	il film
la discoteca	il concerto		il cinema	la televisione	l’opera		la musica	il festival

il film	la musica	il cinema	la televisione	il concerto	la discoteca	l’opera	il teatro	il festival

I media

Die Medien

● 95

la televisione					la radio	il libro		il quotidiano
la radio	il giornale	il quotidiano		l'informazione			Internet	
		Internet			la rivista	il giornale		la stampa
la rivista	la televisione		l'informazione				il quotidiano	
	il quotidiano	l'informazione		la rivista		Internet	il libro	
	la stampa		il giornale				la rivista	la radio
il quotidiano		il giornale			l'informazione	la radio		
	Internet			la radio		la rivista	la stampa	il libro
la stampa		la rivista			la televisione			l'informazione

la televisione	la radio	la stampa	il libro	Internet	il quotidiano	la rivista	l'informazione	il giornale

Il computer

Der Computer

96 ●●●

	lo scanner	la stampante		la chiavetta USB		il documento	lo schermo	
il mouse			lo schermo		la stampante	la rete		lo scanner
il file								
il documento		il mouse		lo scanner			la rete	
lo schermo		la rete	il documento			la stampante	lo scanner	la chiavetta USB
	la stampante	la tastiera		la rete		il mouse		
		lo scanner	la tastiera			il file		
	il documento				la rete		il mouse	
la chiavetta USB		lo schermo	il file				la tastiera	la stampante

il mouse	il documento	la rete	la chiavetta USB	lo scanner	la tastiera	il file	lo schermo	la stampante

A scuola

In der Schule

97

il quaderno	l'insegnante	lo studente	la lavagna				la penna	
la gomma				il foglio	la penna	il quaderno	la matita	lo studente
il foglio		la matita	il libro			la gomma		la lavagna
		l'insegnante		il libro		lo studente		
	la matita		la penna		la lavagna	il foglio	la gomma	
la lavagna				l'insegnante				la matita
il libro		la penna	il foglio		l'insegnante	la matita		la gomma
l'insegnante	il quaderno	la gomma	la matita					il libro
	la lavagna				il libro	l'insegnante	lo studente	la penna

l'insegnante	lo studente	il libro	la lavagna	la penna	il quaderno	la matita	la gomma	il foglio

A lezione

Im Unterricht

98

	l'errore				la traduzione	la domanda		la grammatica
	la domanda	la grammatica				i compiti		la traduzione
	i compiti	l'esame	la domanda	la lezione	la grammatica			l'errore
					il vocabolario		la domanda	l'esame
l'errore	il vocabolario	la domanda	la risposta			la grammatica	la traduzione	i compiti
l'esame	la risposta				i compiti			
i compiti			la lezione	la risposta	la domanda	l'esame	la grammatica	
la grammatica		la risposta	la traduzione			la lezione	i compiti	
la domanda		il vocabolario					l'errore	

i compiti	l'errore	l'esame	la lezione	la traduzione	la grammatica	la domanda	la risposta	il vocabolario

Professioni

Berufe

●● 99

il medico		il giornalista						il dentista
		il parrucchiere			il musicista		la segretaria	il fornaio
il fornaio	il dentista		l’architetto		il medico			l’insegnante
		l’insegnante		il giornalista		l’architetto		il musicista
il dentista	l’architetto		il musicista		il parrucchiere			la segretaria
		la segretaria				l’insegnante		
	il giornalista				il fornaio		il parrucchiere	il medico
il musicista		il medico		l’architetto		il dentista		il giornalista
la segretaria	il parrucchiere		l’insegnante			il fornaio		

il giornalista	l’insegnante	il medico	il dentista	il musicista	l’architetto	il parrucchiere	il fornaio	la segretaria

Il mondo del lavoro

Die Arbeitswelt

100 ●

			il posto		il collega			il contratto
la direzione	il collega	l’impiegato				la disoccupazione		il posto
	il personale	il contratto	il prodotto		la disoccupazione		l’impiegato	
il personale				il prodotto	la direzione			la disoccupazione
il collega		il prodotto				l’impiegato		la direzione
	l’impiegato		il collega		il direttore		il posto	
	la direzione		la disoccupazione		il contratto	il posto	il collega	
il prodotto		il posto				il personale	la disoccupazione	il direttore
la disoccupazione			il personale		il prodotto			

il direttore	l’impiegato	il collega	il prodotto	il personale	il contratto	la disoccupazione	la direzione	il posto

Il commercio

Der Handel

●● 101

il compratore					il cliente	il negozio		il prezzo
il mercato	il venditore	il cliente		il compratore				la vendita
	il prezzo		la spesa	la vendita	il mercato	il venditore		
	la spesa	la vendita		il negozio		il mercato	il cliente	
il negozio				il venditore				la marca
	la marca		il mercato	il cliente		la spesa		
il cliente	il mercato	il prezzo		la spesa	il compratore	la vendita		il venditore
la vendita						il compratore		
		il venditore		il prezzo		il cliente	il negozio	il mercato

il mercato	il negozio	il cliente	la spesa	il venditore	la vendita	il prezzo	il compratore	la marca

Avverbi

Adverbien

102 ●

là	spesso	mai	ieri		presto	domani	già	qui
	oggi						spesso	
	domani		qui		là		presto	
	già			presto		spesso		mai
	mai		là	domani	ieri		qui	
qui		presto		già			oggi	
	là		presto		già		mai	
	presto						là	
oggi	qui	già	mai		spesso	presto	domani	ieri

qui	là	ieri	oggi	domani	già	presto	spesso	mai

Avverbi di tempo

Zeitadverbien

● 103

poi		dopo	subito	prima	finora			
allora					tardi	sempre	dopo	
	adesso		sempre	allora				
	subito			dopo			finora	tardi
dopo		finora		adesso		poi		
sempre					prima			
tardi	finora			subito	allora	adesso	prima	
prima		poi	tardi				allora	sempre
		adesso			poi	finora		dopo

allora	finora	dopo	subito	sempre	adesso	tardi	prima	poi

Verbi di movimento

Verben der Bewegung

104 ●

uscire	andare			arrivare	salire			
arrivare		scendere	venire				andare	salire
venire			uscire	scendere		arrivare	ritornare	entrare
	salire						uscire	
ritornare			salire		arrivare			venire
	arrivare	venire				scendere	salire	
salire	uscire	andare via		entrare	scendere			ritornare
andare	ritornare					entrare		uscire
			arrivare	uscire			andare via	andare

andare	venire	arrivare	uscire	entrare	ritornare	andare via	salire	scendere

Verbi della percezione sensoriale

Verben der Sinneswahrnehmung

105

percepire	vedere			guardare			osservare	
	ascoltare		osservare	annusare		percepire		sentire
	toccare	sentire		udire	vedere		annusare	
			udire		ascoltare			guardare
annusare	udire	percepire	sentire			vedere	ascoltare	osservare
		osservare		vedere		udire		
	osservare		guardare	percepire		sentire	toccare	
sentire		toccare		ascoltare	udire		guardare	
	annusare			sentire			udire	percepire

vedere	ascoltare	sentire	udire	toccare	annusare	guardare	percepire	osservare

Verbi della comunicazione

Verben der Verständigung

106

telefonare	commentare	chiedere				parlare		reclamare
confermare				comunicare	parlare			
parlare				reclamare	commentare	informare		chiedere
	reclamare	comunicare	confermare		chiedere		parlare	
discutere	chiedere		informare				commentare	confermare
	telefonare		comunicare		discutere	chiedere	reclamare	
reclamare		informare	commentare	chiedere				discutere
			reclamare	confermare				parlare
chiedere		commentare				reclamare	informare	comunicare

reclamare	confermare	parlare	comunicare	discutere	commentare	chiedere	telefonare	informare

1

è	siamo	siete	sei	sono	sono
sei	sono	sono	siete	siamo	è
sono	sei	sono	è	siete	siamo
siete	è	siamo	sono	sono	sei
sono	sono	sei	siamo	è	siete
siamo	siete	è	sono	sei	sono

2

ha	abbiamo	avete	hai	ho	hanno
hai	hanno	ho	avete	abbiamo	ha
ho	hai	hanno	ha	avete	abbiamo
avete	ha	abbiamo	ho	hanno	hai
hanno	ho	hai	abbiamo	ha	avete
abbiamo	avete	ha	hanno	hai	ho

3

vado	andiamo	va	andate	vanno	vai
andate	vai	vanno	vado	andiamo	va
va	vado	andiamo	vanno	vai	andate
vanno	andate	vai	va	vado	andiamo
vai	vanno	andate	andiamo	va	vado
andiamo	va	vado	vai	andate	vanno

4

faccio	facciamo	fa	fate	fanno	fai
fate	fai	fanno	faccio	facciamo	fa
fa	faccio	facciamo	fanno	fai	fate
fanno	fate	fai	fa	faccio	facciamo
fai	fanno	fate	facciamo	fa	faccio
facciamo	fa	faccio	fai	fate	fanno

5

dico	diciamo	dice	dite	dicono	dici
dite	dici	dicono	dico	diciamo	dice
dice	dico	diciamo	dicono	dici	dite
dicono	dite	dici	dice	dico	diciamo
dici	dicono	dite	diciamo	dice	dico
diciamo	dice	dico	dici	dite	dicono

6

posso	possiamo	può	potete	possono	puoi
potete	puoi	possono	posso	possiamo	può
può	posso	possiamo	possono	puoi	potete
possono	potete	puoi	può	posso	possiamo
puoi	possono	potete	possiamo	può	posso
possiamo	può	posso	puoi	potete	possono

7

devi	devono	deve	dovete	dobbiamo	devo
dovete	devo	dobbiamo	deve	devono	devi
devono	devi	dovete	devo	deve	dobbiamo
deve	dobbiamo	devo	devi	dovete	devono
devo	deve	devono	dobbiamo	devi	dovete
dobbiamo	dovete	devi	devono	devo	deve

8

voglio	vogliamo	vuole	volete	vogliono	vuoi
volete	vuoi	vogliono	voglio	vogliamo	vuole
vuole	voglio	vogliamo	vogliono	vuoi	volete
vogliono	volete	vuoi	vuole	voglio	vogliamo
vuoi	vogliono	volete	vogliamo	vuole	voglio
vogliamo	vuole	voglio	vuoi	volete	vogliono

9

dormo	dormiamo	dorme	dormite	dormono	dormi
dormite	dormi	dormono	dormo	dormiamo	dorme
dorme	dormo	dormiamo	dormono	dormi	dormite
dormono	dormite	dormi	dorme	dormo	dormiamo
dormi	dormono	dormite	dormiamo	dorme	dormo
dormiamo	dorme	dormo	dormi	dormite	dormono

10

capisco	capiamo	capisce	capite	capiscono	capisci
capite	capisci	capiscono	capisco	capiamo	capisce
capisce	capisco	capiamo	capiscono	capisci	capite
capiscono	capite	capisci	capisce	capisco	capiamo
capisci	capiscono	capite	capiamo	capisce	capisco
capiamo	capisce	capisco	capisci	capite	capiscono

11

amo	amiamo	ama	amate	amano	ami
amate	ami	amano	amo	amiamo	ama
ama	amo	amiamo	amano	ami	amate
amano	amate	ami	ama	amo	amiamo
ami	amano	amate	amiamo	ama	amo
amiamo	ama	amo	ami	amate	amano

12

gioco	giochiamo	gioca	giocate	giocano	giochi
giocate	giochi	giocano	gioco	giochiamo	gioca
gioca	gioco	giochiamo	giocano	giochi	giocate
giocano	giocate	giochi	gioca	gioco	giochiamo
giochi	giocano	giocate	giochiamo	gioca	gioco
giochiamo	gioca	gioco	giochi	giocate	giocano

13

vedo	vediamo	vede	vedete	vedono	vedi
vedete	vedi	vedono	vedo	vediamo	vede
vede	vedo	vediamo	vedono	vedi	vedete
vedono	vedete	vedi	vede	vedo	vediamo
vedi	vedono	vedete	vediamo	vede	vedo
vediamo	vede	vedo	vedi	vedete	vedono

14

dove?	quando?	perché?	quanto?	come?	chi?
quanto?	chi?	come?	perché?	quando?	dove?
quando?	dove?	quanto?	chi?	perché?	come?
perché?	come?	chi?	dove?	quanto?	quando?
chi?	perché?	quando?	come?	dove?	quanto?
come?	quanto?	dove?	quando?	chi?	perché?

15

illegale	legale	regolare	corretto	irregolare	scorretto
irregolare	corretto	scorretto	regolare	illegale	legale
regolare	irregolare	corretto	legale	scorretto	illegale
scorretto	illegale	legale	irregolare	corretto	regolare
corretto	regolare	illegale	scorretto	legale	irregolare
legale	scorretto	irregolare	illegale	regolare	corretto

16

freddo	giovane	grande	vecchio	piccolo	caldo
piccolo	vecchio	caldo	grande	freddo	giovane
grande	piccolo	vecchio	giovane	caldo	freddo
caldo	freddo	giovane	piccolo	vecchio	grande
vecchio	grande	freddo	caldo	giovane	piccolo
giovane	caldo	piccolo	freddo	grande	vecchio

17

il principe	la regina	l'attore	l'attrice	il re	la principessa
l'attrice	la principessa	il re	l'attore	la regina	il principe
la regina	il principe	l'attrice	la principessa	l'attore	il re
l'attore	il re	la principessa	il principe	l'attrice	la regina
la principessa	l'attore	la regina	il re	il principe	l'attrice
il re	l'attrice	il principe	la regina	la principessa	l'attore

18

la gallina	il gallo	il cavallo	il toro	la cavalla	la mucca
la cavalla	il toro	la mucca	il cavallo	la gallina	il gallo
il cavallo	la cavalla	il toro	il gallo	la mucca	la gallina
la mucca	la gallina	il gallo	la cavalla	il toro	il cavallo
il toro	il cavallo	la gallina	la mucca	il gallo	la cavalla
il gallo	la mucca	la cavalla	la gallina	il cavallo	il toro

19

Italia	Francia	Inghilterra	Portogallo	Spagna	Germania
Portogallo	Germania	Spagna	Inghilterra	Francia	Italia
Francia	Italia	Portogallo	Germania	Inghilterra	Spagna
Inghilterra	Spagna	Germania	Italia	Portogallo	Francia
Germania	Inghilterra	Francia	Spagna	Italia	Portogallo
Spagna	Portogallo	Italia	Francia	Germania	Inghilterra

20

Russia	Grecia	Belgio	Svizzera	Austria	Paesi Bassi
Svizzera	Paesi Bassi	Austria	Belgio	Grecia	Russia
Grecia	Russia	Svizzera	Paesi Bassi	Belgio	Austria
Belgio	Austria	Paesi Bassi	Russia	Svizzera	Grecia
Paesi Bassi	Belgio	Grecia	Austria	Russia	Svizzera
Austria	Svizzera	Russia	Grecia	Paesi Bassi	Belgio

21

Europa	Nordamerica	Sudamerica	Asia	Africa	Oceania
Asia	Oceania	Africa	Sudamerica	Nordamerica	Europa
Nordamerica	Europa	Asia	Oceania	Sudamerica	Africa
Sudamerica	Africa	Oceania	Europa	Asia	Nordamerica
Oceania	Sudamerica	Nordamerica	Africa	Europa	Asia
Africa	Asia	Europa	Nordamerica	Oceania	Sudamerica

22

francese	spagnolo	italiano	inglese	portoghese	tedesco
inglese	tedesco	portoghese	italiano	spagnolo	francese
spagnolo	francese	inglese	tedesco	italiano	portoghese
italiano	portoghese	tedesco	francese	inglese	spagnolo
tedesco	italiano	spagnolo	portoghese	francese	inglese
portoghese	inglese	francese	spagnolo	tedesco	italiano

23

il cinema	il bar	il parco	la chiesa	la fermata dell'autobus	la piazza
la fermata dell'autobus	la chiesa	la piazza	il parco	il cinema	il bar
il parco	la fermata dell'autobus	la chiesa	il bar	la piazza	il cinema
la piazza	il cinema	il bar	la fermata dell'autobus	la chiesa	il parco
la chiesa	il parco	il cinema	la piazza	il bar	la fermata dell'autobus
il bar	la piazza	la fermata dell'autobus	il cinema	il parco	la chiesa

24

la panetteria	la cartoleria	la pasticceria	la libreria	la macelleria	la pescheria
la libreria	la pescheria	la macelleria	la pasticceria	la cartoleria	la panetteria
la cartoleria	la panetteria	la libreria	la pescheria	la pasticceria	la macelleria
la pasticceria	la macelleria	la pescheria	la panetteria	la libreria	la cartoleria
la pescheria	la pasticceria	la cartoleria	la macelleria	la panetteria	la libreria
la macelleria	la libreria	la panetteria	la cartoleria	la pescheria	la pasticceria

25

la busta	il pacchetto	il francobollo	la lettera	il postino	la cartolina
il postino	la lettera	la cartolina	il francobollo	la busta	il pacchetto
il francobollo	il postino	la lettera	il pacchetto	la cartolina	la busta
la cartolina	la busta	il pacchetto	il postino	la lettera	il francobollo
la lettera	il francobollo	la busta	la cartolina	il pacchetto	il postino
il pacchetto	la cartolina	il postino	la busta	il francobollo	la lettera

26

il prezzo	la moneta	l'euro	il borsellino	la banconota	la carta di credito
il borsellino	la carta di credito	la banconota	l'euro	la moneta	il prezzo
la moneta	il prezzo	il borsellino	la carta di credito	l'euro	la banconota
l'euro	la banconota	la carta di credito	il prezzo	il borsellino	la moneta
la carta di credito	l'euro	la moneta	la banconota	il prezzo	il borsellino
la banconota	il borsellino	il prezzo	la moneta	la carta di credito	l'euro

27

l'indirizzo	la professione	il nome	la nazionalità	la data di nascita	il cognome
la nazionalità	il cognome	la data di nascita	il nome	la professione	l'indirizzo
la professione	l'indirizzo	la nazionalità	il cognome	il nome	la data di nascita
il nome	la data di nascita	il cognome	l'indirizzo	la nazionalità	la professione
il cognome	il nome	la professione	la data di nascita	l'indirizzo	la nazionalità
la data di nascita	la nazionalità	l'indirizzo	la professione	il cognome	il nome

28

il punto	la pagina web	la barra	l'e-mail	il trattino	la chiocciola
il trattino	l'e-mail	la chiocciola	la barra	il punto	la pagina web
la barra	il trattino	l'e-mail	la pagina web	la chiocciola	il punto
la chiocciola	il punto	la pagina web	il trattino	l'e-mail	la barra
l'e-mail	la barra	il punto	la chiocciola	la pagina web	il trattino
la pagina web	la chiocciola	il trattino	il punto	la barra	l'e-mail

29

il secondo	il mese	il giorno	la settimana	il minuto	l'ora
la settimana	l'ora	il minuto	il giorno	il mese	il secondo
il mese	il secondo	la settimana	l'ora	il giorno	il minuto
il giorno	il minuto	l'ora	il secondo	la settimana	il mese
l'ora	il giorno	il mese	il minuto	il secondo	la settimana
il minuto	la settimana	il secondo	il mese	l'ora	il giorno

30

la sera	il pomeriggio	la notte	il giorno	la mezzanotte	la mattina
la mezzanotte	il giorno	la mattina	la notte	la sera	il pomeriggio
la notte	la mezzanotte	il giorno	il pomeriggio	la mattina	la sera
la mattina	la sera	il pomeriggio	la mezzanotte	il giorno	la notte
il giorno	la notte	la sera	la mattina	il pomeriggio	la mezzanotte
il pomeriggio	la mattina	la mezzanotte	la sera	la notte	il giorno

31

maggio	aprile	gennaio	febbraio	marzo	giugno
febbraio	giugno	marzo	gennaio	aprile	maggio
aprile	maggio	febbraio	giugno	gennaio	marzo
gennaio	marzo	giugno	maggio	febbraio	aprile
giugno	gennaio	aprile	marzo	maggio	febbraio
marzo	febbraio	maggio	aprile	giugno	gennaio

32

agosto	dicembre	settembre	novembre	ottobre	luglio
novembre	luglio	ottobre	settembre	dicembre	agosto
dicembre	agosto	novembre	luglio	settembre	ottobre
settembre	ottobre	luglio	agosto	novembre	dicembre
luglio	settembre	dicembre	ottobre	agosto	novembre
ottobre	novembre	agosto	dicembre	luglio	settembre

33

la sorella	il padre	la figlia	la madre	il figlio	il fratello
la madre	il fratello	il figlio	la figlia	il padre	la sorella
il padre	la sorella	la madre	il fratello	la figlia	il figlio
la figlia	il figlio	il fratello	la sorella	la madre	il padre
il fratello	la figlia	il padre	il figlio	la sorella	la madre
il figlio	la madre	la sorella	il padre	il fratello	la figlia

34

la moglie	lo zio	il nonno	la zia	il marito	la nonna
la zia	la nonna	il marito	il nonno	lo zio	la moglie
lo zio	la moglie	la zia	la nonna	il nonno	il marito
il nonno	il marito	la nonna	la moglie	la zia	lo zio
la nonna	il nonno	lo zio	il marito	la moglie	la zia
il marito	la zia	la moglie	lo zio	la nonna	il nonno

35

il liceo	l'università	la laurea	il tirocinio	il diploma	la formazione professionale
il tirocinio	la formazione professionale	il diploma	la laurea	l'università	il liceo
l'università	il liceo	il tirocinio	la formazione professionale	la laurea	il diploma
la laurea	il diploma	la formazione professionale	il liceo	il tirocinio	l'università
la formazione professionale	la laurea	l'università	il diploma	il liceo	il tirocinio
il diploma	il tirocinio	il liceo	l'università	la formazione professionale	la laurea

36

San Silvestro	Pasqua	Natale	Capodanno	il compleanno	Carnevale
Capodanno	Carnevale	il compleanno	Natale	Pasqua	San Silvestro
Pasqua	San Silvestro	Capodanno	Carnevale	Natale	il compleanno
Natale	il compleanno	Carnevale	San Silvestro	Capodanno	Pasqua
Carnevale	Natale	Pasqua	il compleanno	San Silvestro	Capodanno
il compleanno	Capodanno	San Silvestro	Pasqua	Carnevale	Natale

37

in strada	sulla tavola	dietro la porta	davanti al televisore	attraverso il bosco	fra due alberi
davanti al televisore	fra due alberi	attraverso il bosco	in strada	sulla tavola	dietro la porta
dietro la porta	in strada	sulla tavola	attraverso il bosco	fra due alberi	davanti al televisore
attraverso il bosco	davanti al televisore	fra due alberi	dietro la porta	in strada	sulla tavola
fra due alberi	attraverso il bosco	davanti al televisore	sulla tavola	dietro la porta	in strada
sulla tavola	dietro la porta	in strada	fra due alberi	davanti al televisore	attraverso il bosco

38

da ieri	durante la cena	dopo il corso	verso le tre	prima di mangiare	a domani
verso le tre	a domani	prima di mangiare	dopo il corso	durante la cena	da ieri
durante la cena	da ieri	verso le tre	a domani	dopo il corso	prima di mangiare
dopo il corso	prima di mangiare	a domani	da ieri	verso le tre	durante la cena
a domani	dopo il corso	durante la cena	prima di mangiare	da ieri	verso le tre
prima di mangiare	verso le tre	da ieri	durante la cena	a domani	dopo il corso

39

entrare	uscire	la vita	l'uscita	l'entrata	vivere
l'entrata	l'uscita	vivere	la vita	entrare	uscire
la vita	l'entrata	l'uscita	uscire	vivere	entrare
vivere	entrare	uscire	l'entrata	l'uscita	la vita
l'uscita	la vita	entrare	vivere	uscire	l'entrata
uscire	vivere	l'entrata	entrare	la vita	l'uscita

40

il pranzo	la cena	bere	cenare	la bevanda	pranzare
cenare	pranzare	la bevanda	bere	la cena	il pranzo
la cena	il pranzo	cenare	pranzare	bere	la bevanda
bere	la bevanda	pranzare	il pranzo	cenare	la cena
pranzare	bere	la cena	la bevanda	il pranzo	cenare
la bevanda	cenare	il pranzo	la cena	pranzare	bere

41

cominciare a	sposarsi con	finire di	separarsi da	telefonare a	innamorarsi di
separarsi da	innamorarsi di	telefonare a	cominciare a	sposarsi con	finire di
finire di	cominciare a	sposarsi con	telefonare a	innamorarsi di	separarsi da
telefonare a	separarsi da	innamorarsi di	finire di	cominciare a	sposarsi con
innamorarsi di	telefonare a	separarsi da	sposarsi con	finire di	cominciare a
sposarsi con	finire di	cominciare a	innamorarsi di	separarsi da	telefonare a

42

la povertà	la libertà	ricco	libero	la ricchezza	povero
libero	povero	la ricchezza	ricco	la libertà	la povertà
la libertà	la povertà	libero	povero	ricco	la ricchezza
ricco	la ricchezza	povero	la povertà	libero	la libertà
povero	ricco	la libertà	la ricchezza	la povertà	libero
la ricchezza	libero	la povertà	la libertà	povero	ricco

43

sei	tre	uno	quattro	cinque	due
quattro	due	cinque	uno	tre	sei
tre	sei	quattro	due	uno	cinque
uno	cinque	due	sei	quattro	tre
due	uno	tre	cinque	sei	quattro
cinque	quattro	sei	tre	due	uno

44

dodici	nove	sette	dieci	undici	otto
dieci	otto	undici	sette	nove	dodici
nove	dodici	dieci	otto	sette	undici
sette	undici	otto	dodici	dieci	nove
otto	sette	nove	undici	dodici	dieci
undici	dieci	dodici	nove	otto	sette

45

diciotto	diciassette	dodici	diciannove	tredici	sedici	quattordici	quindici	undici
quattordici	diciannove	sedici	quindici	undici	diciotto	diciassette	tredici	dodici
tredici	undici	quindici	diciassette	quattordici	dodici	sedici	diciotto	diciannove
diciassette	quindici	undici	quattordici	sedici	diciannove	diciotto	dodici	tredici
sedici	dodici	diciotto	tredici	diciassette	quindici	diciannove	undici	quattordici
diciannove	quattordici	tredici	diciotto	dodici	undici	quindici	diciassette	sedici
undici	sedici	quattordici	dodici	diciotto	diciassette	tredici	diciannove	quindici
quindici	tredici	diciassette	undici	diciannove	quattordici	dodici	sedici	diciotto
dodici	diciotto	diciannove	sedici	quindici	tredici	undici	quattordici	diciassette

46

venti	novanta	ottanta	sessanta	settanta	quaranta	trenta	cento	cinquanta
trenta	quaranta	sessanta	cinquanta	cento	ottanta	venti	settanta	novanta
cento	cinquanta	settanta	novanta	venti	trenta	quaranta	ottanta	sessanta
quaranta	sessanta	trenta	venti	cinquanta	settanta	ottanta	novanta	cento
ottanta	settanta	cento	trenta	sessanta	novanta	cinquanta	venti	quaranta
novanta	venti	cinquanta	quaranta	ottanta	cento	sessanta	trenta	settanta
cinquanta	ottanta	quaranta	cento	novanta	venti	settanta	sessanta	trenta
settanta	trenta	novanta	ottanta	quaranta	sessanta	cento	cinquanta	venti
sessanta	cento	venti	settanta	trenta	cinquanta	novanta	quaranta	ottanta

47

trentadue	ottantasette	sessantacinque	novantotto	settantasei	centonove	ventuno	quarantatré	cinquantaquattro
cinquantaquattro	centonove	settantasei	ventuno	quarantatré	trentadue	ottantasette	sessantacinque	novantotto
novantotto	quarantatré	ventuno	sessantacinque	ottantasette	cinquantaquattro	centonove	trentadue	settantasei
ottantasette	trentadue	cinquantaquattro	centonove	novantotto	ventuno	sessantacinque	settantasei	quarantatré
quarantatré	settantasei	centonove	ottantasette	trentadue	sessantacinque	cinquantaquattro	novantotto	ventuno
sessantacinque	ventuno	novantotto	settantasei	cinquantaquattro	quarantatré	trentadue	ottantasette	centonove
ventuno	novantotto	ottantasette	cinquantaquattro	sessantacinque	settantasei	quarantatré	centonove	trentadue
centonove	sessantacinque	trentadue	quarantatré	ventuno	novantotto	settantasei	cinquantaquattro	ottantasette
settantasei	cinquantaquattro	quarantatré	trentadue	centonove	ottantasette	novantotto	ventuno	sessantacinque

48

sesto	quarto	nono	ottavo	settimo	quinto	primo	terzo	secondo
quinto	secondo	ottavo	primo	quarto	terzo	nono	settimo	sesto
terzo	settimo	primo	sesto	nono	secondo	quinto	ottavo	quarto
nono	ottavo	sesto	settimo	terzo	primo	quarto	secondo	quinto
secondo	terzo	quinto	quarto	ottavo	sesto	settimo	primo	nono
quarto	primo	settimo	secondo	quinto	nono	terzo	sesto	ottavo
settimo	nono	terzo	quinto	secondo	ottavo	sesto	quarto	primo
ottavo	sesto	quarto	nono	primo	settimo	secondo	quinto	terzo
primo	quinto	secondo	terzo	sesto	quarto	ottavo	nono	settimo

49

rosso	nero	viola	grigio	bianco	giallo	arancione	verde	azzurro
grigio	verde	bianco	arancione	azzurro	nero	giallo	rosso	viola
arancione	giallo	azzurro	verde	rosso	viola	bianco	nero	grigio
nero	azzurro	giallo	viola	verde	grigio	rosso	bianco	arancione
viola	bianco	rosso	azzurro	giallo	arancione	verde	grigio	nero
verde	arancione	grigio	rosso	nero	bianco	azzurro	viola	giallo
giallo	viola	arancione	bianco	grigio	verde	nero	azzurro	rosso
bianco	rosso	nero	giallo	viola	azzurro	grigio	arancione	verde
azzurro	grigio	verde	nero	arancione	rosso	viola	giallo	bianco

50

il freddo	la neve	il vento	la tempesta	il caldo	la pioggia	il temporale	il sole	la nebbia
il caldo	il temporale	la pioggia	la neve	la nebbia	il sole	il freddo	il vento	la tempesta
la nebbia	la tempesta	il sole	il vento	il temporale	il freddo	la neve	il caldo	la pioggia
la neve	il sole	la tempesta	il caldo	il vento	il temporale	la pioggia	la nebbia	il freddo
il vento	la pioggia	il freddo	la nebbia	il sole	la tempesta	il caldo	la neve	il temporale
il temporale	la nebbia	il caldo	la pioggia	il freddo	la neve	il vento	la tempesta	il sole
la pioggia	il freddo	la neve	il sole	la tempesta	il vento	la nebbia	il temporale	il caldo
il sole	il caldo	il temporale	il freddo	la neve	la nebbia	la tempesta	la pioggia	il vento
la tempesta	il vento	la nebbia	il temporale	la pioggia	il caldo	il sole	il freddo	la neve

51

il mese	l’autunno	la primavera	il tempo	l’inverno	l’anno	il giorno	la settimana	l’estate
il tempo	la settimana	l’inverno	il giorno	l’autunno	l’estate	il mese	l’anno	la primavera
l’estate	l’anno	il giorno	la primavera	la settimana	il mese	l’autunno	il tempo	l’inverno
la settimana	la primavera	l’autunno	l’anno	l’estate	l’inverno	il tempo	il giorno	il mese
l’inverno	il giorno	il tempo	l’autunno	il mese	la primavera	l’anno	l’estate	la settimana
l’anno	il mese	l’estate	la settimana	il giorno	il tempo	la primavera	l’inverno	l’autunno
il giorno	il tempo	la settimana	l’inverno	la primavera	l’autunno	l’estate	il mese	l’anno
la primavera	l’estate	l’anno	il mese	il tempo	la settimana	l’inverno	l’autunno	il giorno
l’autunno	l’inverno	il mese	l’estate	l’anno	il giorno	la settimana	la primavera	il tempo

52

il giorno	il sabato	il venerdì	il giovedì	il fine settimana	il mercoledì	la domenica	il lunedì	il martedì
il mercoledì	il fine settimana	il lunedì	il martedì	la domenica	il venerdì	il sabato	il giovedì	il giorno
la domenica	il martedì	il giovedì	il sabato	il giorno	il lunedì	il venerdì	il fine settimana	il mercoledì
il fine settimana	il mercoledì	la domenica	il giorno	il venerdì	il sabato	il giovedì	il martedì	il lunedì
il martedì	il giovedì	il sabato	il fine settimana	il lunedì	la domenica	il giorno	il mercoledì	il venerdì
il venerdì	il lunedì	il giorno	il mercoledì	il giovedì	il martedì	il fine settimana	la domenica	il sabato
il giovedì	il giorno	il martedì	il lunedì	il sabato	il fine settimana	il mercoledì	il venerdì	la domenica
il sabato	il venerdì	il mercoledì	la domenica	il martedì	il giovedì	il lunedì	il giorno	il fine settimana
il lunedì	la domenica	il fine settimana	il venerdì	il mercoledì	il giorno	il martedì	il sabato	il giovedì

53

la gonna	l’impermeabile	il cappotto	il vestito	la maglietta	la camicetta	la cintura	la camicia	i pantaloni
i pantaloni	il vestito	la camicetta	la gonna	la camicia	la cintura	la maglietta	l’impermeabile	il cappotto
la camicia	la cintura	la maglietta	l’impermeabile	i pantaloni	il cappotto	la gonna	il vestito	la camicetta
la maglietta	la camicetta	i pantaloni	la camicia	l’impermeabile	il vestito	il cappotto	la gonna	la cintura
il vestito	il cappotto	la camicia	i pantaloni	la cintura	la gonna	la camicetta	la maglietta	l’impermeabile
la cintura	la gonna	l’impermeabile	il cappotto	la camicetta	la maglietta	il vestito	i pantaloni	la camicia
l’impermeabile	la maglietta	la gonna	la cintura	il cappotto	la camicia	i pantaloni	la camicetta	il vestito
il cappotto	la camicia	il vestito	la camicetta	la gonna	i pantaloni	l’impermeabile	la cintura	la maglietta
la camicetta	i pantaloni	la cintura	la maglietta	il vestito	l’impermeabile	la camicia	il cappotto	la gonna

54

gli stivali	la camicia da notte	il pigiama	il maglione	la giacca	le scarpe	i guanti	le calze	il cappello
il maglione	le scarpe	il cappello	le calze	i guanti	gli stivali	il pigiama	la giacca	la camicia da notte
le calze	i guanti	la giacca	la camicia da notte	il cappello	il pigiama	gli stivali	le scarpe	il maglione
il cappello	gli stivali	le scarpe	il pigiama	il maglione	la giacca	la camicia da notte	i guanti	le calze
la camicia da notte	la giacca	le calze	il cappello	gli stivali	i guanti	il maglione	il pigiama	le scarpe
i guanti	il pigiama	il maglione	le scarpe	la camicia da notte	le calze	la giacca	il cappello	gli stivali
le scarpe	le calze	gli stivali	i guanti	il pigiama	la camicia da notte	il cappello	il maglione	la giacca
il pigiama	il maglione	la camicia da notte	la giacca	le calze	il cappello	le scarpe	gli stivali	i guanti
la giacca	il cappello	i guanti	gli stivali	le scarpe	il maglione	le calze	la camicia da notte	il pigiama

55

la chiave	il balcone	la scala	la finestra	i mobili	la terrazza	la porta	l’ascensore	il primo piano
la terrazza	i mobili	la porta	l’ascensore	il primo piano	la scala	la finestra	la chiave	il balcone
il primo piano	l’ascensore	la finestra	il balcone	la chiave	la porta	i mobili	la terrazza	la scala
l’ascensore	la finestra	il balcone	i mobili	la porta	il primo piano	la terrazza	la scala	la chiave
la scala	la porta	la chiave	la terrazza	la finestra	l’ascensore	il primo piano	il balcone	i mobili
i mobili	la terrazza	il primo piano	la chiave	la scala	il balcone	l’ascensore	la porta	la finestra
la finestra	la chiave	l’ascensore	la porta	il balcone	i mobili	la scala	il primo piano	la terrazza
il balcone	la scala	la terrazza	il primo piano	l’ascensore	la finestra	la chiave	i mobili	la porta
la porta	il primo piano	i mobili	la scala	la terrazza	la chiave	il balcone	la finestra	l’ascensore

56

la pulizia	la lavastoviglie	lo spazzolone	il ferro da stiro	la lavatrice	la scopa	il secchio	l’aspirapolvere	la paletta
il secchio	la scopa	il ferro da stiro	la paletta	l’aspirapolvere	lo spazzolone	la pulizia	la lavatrice	la lavastoviglie
l’aspirapolvere	la paletta	la lavatrice	la lavastoviglie	la pulizia	il secchio	la scopa	lo spazzolone	il ferro da stiro
la scopa	il ferro da stiro	il secchio	la pulizia	la paletta	la lavatrice	lo spazzolone	la lavastoviglie	l’aspirapolvere
lo spazzolone	la lavatrice	l’aspirapolvere	il secchio	il ferro da stiro	la lavastoviglie	la paletta	la pulizia	la scopa
la lavastoviglie	la pulizia	la paletta	la scopa	lo spazzolone	l’aspirapolvere	il ferro da stiro	il secchio	la lavatrice
la paletta	lo spazzolone	la scopa	l’aspirapolvere	la lavastoviglie	la pulizia	la lavatrice	il ferro da stiro	il secchio
la lavatrice	il secchio	la lavastoviglie	lo spazzolone	la scopa	il ferro da stiro	l’aspirapolvere	la paletta	la pulizia
il ferro da stiro	l’aspirapolvere	la pulizia	la lavatrice	il secchio	la paletta	la lavastoviglie	la scopa	lo spazzolone

57

la sala da pranzo	lo studio	la cantina	il bagno	la camera da letto	il corridoio	la stanza	il soggiorno	la cucina
il corridoio	il soggiorno	il bagno	lo studio	la cucina	la stanza	la sala da pranzo	la camera da letto	la cantina
la cucina	la camera da letto	la stanza	il soggiorno	la sala da pranzo	la cantina	lo studio	il corridoio	il bagno
la camera da letto	la sala da pranzo	la cucina	la stanza	il corridoio	il soggiorno	la cantina	il bagno	lo studio
il soggiorno	la cantina	lo studio	la cucina	il bagno	la camera da letto	il corridoio	la stanza	la sala da pranzo
il bagno	la stanza	il corridoio	la sala da pranzo	la cantina	lo studio	la camera da letto	la cucina	il soggiorno
lo studio	il bagno	la sala da pranzo	la camera da letto	la stanza	la cucina	il soggiorno	la cantina	il corridoio
la stanza	il corridoio	il soggiorno	la cantina	lo studio	il bagno	la cucina	la sala da pranzo	la camera da letto
la cantina	la cucina	la camera da letto	il corridoio	il soggiorno	la sala da pranzo	il bagno	lo studio	la stanza

58

la padella	il forno	il lavello	la lavastoviglie	la pentola	il frigorifero	la caffettiera	la spazzatura	il microonde
la spazzatura	la pentola	il microonde	il lavello	il forno	la caffettiera	la padella	il frigorifero	la lavastoviglie
la caffettiera	la lavastoviglie	il frigorifero	la padella	la spazzatura	il microonde	il lavello	la pentola	il forno
il forno	la padella	la lavastoviglie	la spazzatura	il microonde	la pentola	il frigorifero	il lavello	la caffettiera
il frigorifero	la spazzatura	la caffettiera	il forno	il lavello	la padella	il microonde	la lavastoviglie	la pentola
il microonde	il lavello	la pentola	il frigorifero	la caffettiera	la lavastoviglie	il forno	la padella	la spazzatura
la lavastoviglie	il frigorifero	la spazzatura	la caffettiera	la padella	il forno	la pentola	il microonde	il lavello
il lavello	il microonde	il forno	la pentola	il frigorifero	la spazzatura	la lavastoviglie	la caffettiera	la padella
la pentola	la caffettiera	la padella	il microonde	la lavastoviglie	il lavello	la spazzatura	il forno	il frigorifero

59

il tappeto	la biblioteca	il comò	il divano	lo scaffale	la tenda	la poltrona	il tavolo	la sedia
lo scaffale	il tavolo	il divano	la poltrona	il comò	la sedia	la biblioteca	la tenda	il tappeto
la tenda	la poltrona	la sedia	il tavolo	la biblioteca	il tappeto	il comò	il divano	lo scaffale
il comò	la tenda	il tappeto	lo scaffale	la sedia	il divano	il tavolo	la poltrona	la biblioteca
la poltrona	lo scaffale	la biblioteca	la tenda	il tappeto	il tavolo	la sedia	il comò	il divano
la sedia	il divano	il tavolo	la biblioteca	la poltrona	il comò	lo scaffale	il tappeto	la tenda
la biblioteca	il tappeto	la poltrona	il comò	la tenda	lo scaffale	il divano	la sedia	il tavolo
il divano	la sedia	lo scaffale	il tappeto	il tavolo	la poltrona	la tenda	la biblioteca	il comò
il tavolo	il comò	la tenda	la sedia	il divano	la biblioteca	il tappeto	lo scaffale	la poltrona

60

lo spazzolino da denti	la doccia	il lavabo	l’asciugamano	lo specchio	la vasca da bagno	il dentifricio	il sapone	il pettine
il pettine	lo specchio	il dentifricio	la doccia	il sapone	il lavabo	la vasca da bagno	lo spazzolino da denti	l’asciugamano
la vasca da bagno	il sapone	l’asciugamano	il pettine	lo spazzolino da denti	il dentifricio	lo specchio	la doccia	il lavabo
il dentifricio	l’asciugamano	lo spazzolino da denti	il sapone	il lavabo	la doccia	il pettine	lo specchio	la vasca da bagno
lo specchio	il pettine	la doccia	il dentifricio	la vasca da bagno	l’asciugamano	il sapone	il lavabo	lo spazzolino da denti
il lavabo	la vasca da bagno	il sapone	lo specchio	il pettine	lo spazzolino da denti	l’asciugamano	il dentifricio	la doccia
l’asciugamano	il dentifricio	lo specchio	lo spazzolino da denti	la doccia	il pettine	il lavabo	la vasca da bagno	il sapone
il sapone	lo spazzolino da denti	la vasca da bagno	il lavabo	l’asciugamano	lo specchio	la doccia	il pettine	il dentifricio
la doccia	il lavabo	il pettine	la vasca da bagno	il dentifricio	il sapone	lo spazzolino da denti	l’asciugamano	lo specchio

61

il fiore	l’insetto	la foglia	la siepe	l’uccello	la pianta	l’albero	la lumaca	il giardinaggio
il giardinaggio	l’uccello	la siepe	la lumaca	l’albero	il fiore	l’insetto	la pianta	la foglia
la pianta	l’albero	la lumaca	il giardinaggio	la foglia	l’insetto	la siepe	l’uccello	il fiore
l’uccello	la foglia	l’insetto	l’albero	la pianta	la lumaca	il fiore	il giardinaggio	la siepe
la lumaca	la siepe	il giardinaggio	la foglia	il fiore	l’uccello	la pianta	l’albero	l’insetto
l’albero	la pianta	il fiore	l’insetto	il giardinaggio	la siepe	la lumaca	la foglia	l’uccello
la foglia	il fiore	l’uccello	la pianta	l’insetto	l’albero	il giardinaggio	la siepe	la lumaca
la siepe	il giardinaggio	l’albero	il fiore	la lumaca	la foglia	l’uccello	l’insetto	la pianta
l’insetto	la lumaca	la pianta	l’uccello	la siepe	il giardinaggio	la foglia	il fiore	l’albero

62

la valigia	il soggiorno	la guida	l’albergo	l’appartamento	il campeggio	il turista	il riposo	il viaggio
il turista	l’appartamento	l’albergo	la valigia	il riposo	il viaggio	il soggiorno	il campeggio	la guida
il campeggio	il viaggio	il riposo	la guida	il soggiorno	il turista	l’albergo	la valigia	l’appartamento
l’appartamento	il turista	il campeggio	il viaggio	la valigia	la guida	il riposo	il soggiorno	l’albergo
il soggiorno	il riposo	il viaggio	l’appartamento	il turista	l’albergo	la valigia	la guida	il campeggio
l’albergo	la guida	la valigia	il riposo	il campeggio	il soggiorno	l’appartamento	il viaggio	il turista
il viaggio	l’albergo	il turista	il soggiorno	la guida	la valigia	il campeggio	l’appartamento	il riposo
il riposo	il campeggio	il soggiorno	il turista	il viaggio	l’appartamento	la guida	l’albergo	la valigia
la guida	la valigia	l’appartamento	il campeggio	l’albergo	il riposo	il viaggio	il turista	il soggiorno

63

la chiave	la mezza pensione	il bagno	la doccia	la prenotazione	la pensione completa	la camera singola	la reception	la camera doppia
la pensione completa	la prenotazione	la reception	la camera singola	il bagno	la camera doppia	la mezza pensione	la chiave	la doccia
la camera singola	la camera doppia	la doccia	la reception	la mezza pensione	la chiave	la pensione completa	la prenotazione	il bagno
la camera doppia	la camera singola	la chiave	la prenotazione	la pensione completa	la reception	la doccia	il bagno	la mezza pensione
la mezza pensione	il bagno	la prenotazione	la chiave	la camera doppia	la doccia	la reception	la pensione completa	la camera singola
la reception	la doccia	la pensione completa	la mezza pensione	la camera singola	il bagno	la prenotazione	la camera doppia	la chiave
la doccia	la chiave	la camera doppia	la pensione completa	la reception	la camera singola	il bagno	la mezza pensione	la prenotazione
il bagno	la pensione completa	la mezza pensione	la camera doppia	la doccia	la prenotazione	la chiave	la camera singola	la reception
la prenotazione	la reception	la camera singola	il bagno	la chiave	la mezza pensione	la camera doppia	la doccia	la pensione completa

64

l'onda	la paletta	l'ombrellone	l'asciugamano	il bikini	il mare	la sabbia	il secchiello	il costume da bagno
la sabbia	il mare	l'asciugamano	il costume da bagno	il secchiello	l'ombrellone	l'onda	il bikini	la paletta
il secchiello	il costume da bagno	il bikini	la paletta	l'onda	la sabbia	il mare	l'ombrellone	l'asciugamano
il mare	l'asciugamano	la sabbia	l'onda	il costume da bagno	il bikini	l'ombrellone	la paletta	il secchiello
l'ombrellone	il bikini	il secchiello	la sabbia	l'asciugamano	la paletta	il costume da bagno	l'onda	il mare
la paletta	l'onda	il costume da bagno	il mare	l'ombrellone	il secchiello	l'asciugamano	la sabbia	il bikini
il costume da bagno	l'ombrellone	il mare	il secchiello	la paletta	l'onda	il bikini	l'asciugamano	la sabbia
il bikini	la sabbia	la paletta	l'ombrellone	il mare	l'asciugamano	il secchiello	il costume da bagno	l'onda
l'asciugamano	il secchiello	l'onda	il bikini	la sabbia	il costume da bagno	la paletta	il mare	l'ombrellone

65

il viale	il semaforo	l'incrocio	il marciapiede	la via	la posta	il quartiere	la banca	il museo
la via	il museo	il quartiere	il semaforo	la banca	il viale	l'incrocio	la posta	il marciapiede
la banca	la posta	il marciapiede	il quartiere	l'incrocio	il museo	la via	il semaforo	il viale
l'incrocio	il quartiere	la banca	il viale	il museo	il marciapiede	la posta	la via	il semaforo
il semaforo	il marciapiede	il viale	la posta	il quartiere	la via	il museo	l'incrocio	la banca
il museo	la via	la posta	l'incrocio	il semaforo	la banca	il viale	il marciapiede	il quartiere
il marciapiede	l'incrocio	il museo	la banca	la posta	il quartiere	il semaforo	il viale	la via
il quartiere	la banca	il semaforo	la via	il viale	l'incrocio	il marciapiede	il museo	la posta
la posta	il viale	la via	il museo	il marciapiede	il semaforo	la banca	il quartiere	l'incrocio

66

la chiesa	la cattedrale	il parco	l'opera	la torre	il ponte	il municipio	il mercato	il castello
il ponte	la torre	il mercato	il castello	il municipio	il parco	la cattedrale	l'opera	la chiesa
il municipio	il castello	l'opera	la cattedrale	la chiesa	il mercato	il parco	la torre	il ponte
la torre	il ponte	il municipio	la chiesa	il parco	la cattedrale	l'opera	il castello	il mercato
il castello	l'opera	la cattedrale	la torre	il mercato	il municipio	la chiesa	il ponte	il parco
il parco	il mercato	la chiesa	il ponte	l'opera	il castello	la torre	il municipio	la cattedrale
la cattedrale	il parco	il ponte	il municipio	il castello	l'opera	il mercato	la chiesa	la torre
il mercato	il municipio	la torre	il parco	il ponte	la chiesa	il castello	la cattedrale	l'opera
l'opera	la chiesa	il castello	il mercato	la cattedrale	la torre	il ponte	il parco	il municipio

67

il poliziotto	il delitto	la descrizione	il testimone	il ladro	la vittima	la denuncia	la violenza	la discussione
la violenza	il testimone	la vittima	la discussione	la denuncia	il poliziotto	la descrizione	il delitto	il ladro
il ladro	la denuncia	la discussione	il delitto	la violenza	la descrizione	il testimone	la vittima	il poliziotto
il delitto	la discussione	la denuncia	la violenza	la vittima	il testimone	il ladro	il poliziotto	la descrizione
la vittima	la descrizione	il poliziotto	il ladro	il delitto	la discussione	la violenza	il testimone	la denuncia
il testimone	la violenza	il ladro	il poliziotto	la descrizione	la denuncia	la vittima	la discussione	il delitto
la denuncia	la vittima	la violenza	la descrizione	il poliziotto	il delitto	la discussione	il ladro	il testimone
la discussione	il ladro	il delitto	la denuncia	il testimone	la violenza	il poliziotto	la descrizione	la vittima
la descrizione	il poliziotto	il testimone	la vittima	la discussione	il ladro	il delitto	la denuncia	la violenza

68

il treno	la metropolitana	la macchina	l'aereo	la barca	il camion	la moto	la bicicletta	l'autobus
il camion	la moto	l'aereo	la metropolitana	l'autobus	la bicicletta	il treno	la barca	la macchina
l'autobus	la bicicletta	la barca	la moto	la macchina	il treno	il camion	la metropolitana	l'aereo
la bicicletta	l'autobus	la metropolitana	il camion	la moto	la barca	la macchina	l'aereo	il treno
la macchina	la barca	la moto	la bicicletta	il treno	l'aereo	l'autobus	il camion	la metropolitana
l'aereo	il camion	il treno	la macchina	la metropolitana	l'autobus	la bicicletta	la moto	la barca
la moto	la macchina	la bicicletta	l'autobus	l'aereo	la metropolitana	la barca	il treno	il camion
la metropolitana	il treno	il camion	la barca	la bicicletta	la macchina	l'aereo	l'autobus	la moto
la barca	l'aereo	l'autobus	il treno	il camion	la moto	la metropolitana	la macchina	la bicicletta

69

il biglietto	lo sportello	il binario	l’orario	il controllore	il viaggiatore	il treno	l’arrivo	la partenza
la partenza	il viaggiatore	il controllore	il biglietto	l’arrivo	il treno	lo sportello	l’orario	il binario
l’orario	il treno	l’arrivo	lo sportello	la partenza	il binario	il controllore	il viaggiatore	il biglietto
il viaggiatore	il binario	lo sportello	l’arrivo	il treno	l’orario	il biglietto	la partenza	il controllore
l’arrivo	il controllore	la partenza	il viaggiatore	il binario	il biglietto	l’orario	il treno	lo sportello
il treno	l’orario	il biglietto	il controllore	lo sportello	la partenza	l’arrivo	il binario	il viaggiatore
lo sportello	l’arrivo	l’orario	la partenza	il viaggiatore	il controllore	il binario	il biglietto	il treno
il binario	il biglietto	il viaggiatore	il treno	l’orario	lo sportello	la partenza	il controllore	l’arrivo
il controllore	la partenza	il treno	il binario	il biglietto	l’arrivo	il viaggiatore	lo sportello	l’orario

70

il passeggero	la destinazione	il pilota	il decollo	l’aereo	l’hostess	l’atterraggio	il volo	il bagaglio
l’aereo	l’atterraggio	l’hostess	il bagaglio	la destinazione	il volo	il pilota	il decollo	il passeggero
il volo	il decollo	il bagaglio	l’atterraggio	il passeggero	il pilota	l’aereo	la destinazione	l’hostess
il decollo	l’hostess	l’atterraggio	il passeggero	il bagaglio	la destinazione	il volo	il pilota	l’aereo
il bagaglio	il pilota	il volo	l’aereo	l’hostess	l’atterraggio	la destinazione	il passeggero	il decollo
la destinazione	l’aereo	il passeggero	il pilota	il volo	il decollo	l’hostess	il bagaglio	l’atterraggio
l’hostess	il passeggero	la destinazione	il volo	il decollo	l’aereo	il bagaglio	l’atterraggio	il pilota
l’atterraggio	il bagaglio	l’aereo	la destinazione	il pilota	il passeggero	il decollo	l’hostess	il volo
il pilota	il volo	il decollo	l’hostess	l’atterraggio	il bagaglio	il passeggero	l’aereo	la destinazione

71

la regione	il mondo	il continente	il paese	il sud	la frontiera	il nord	l’ovest	l’est
l’est	l’ovest	il paese	il mondo	la regione	il nord	il sud	il continente	la frontiera
il nord	il sud	la frontiera	l’est	l’ovest	il continente	il mondo	il paese	la regione
la frontiera	la regione	il nord	il sud	il continente	l’est	l’ovest	il mondo	il paese
l’ovest	l’est	il sud	il nord	il paese	il mondo	la regione	la frontiera	il continente
il paese	il continente	il mondo	l’ovest	la frontiera	la regione	l’est	il sud	il nord
il continente	il nord	l’ovest	la frontiera	l’est	il sud	il paese	la regione	il mondo
il sud	la frontiera	l’est	la regione	il mondo	il paese	il continente	il nord	l’ovest
il mondo	il paese	la regione	il continente	il nord	l’ovest	la frontiera	l’est	il sud

72

il paesaggio	l’oceano	il fiume	la natura	il bosco	la costa	la montagna	il lago	la valle
la costa	la valle	la montagna	l’oceano	il lago	il paesaggio	la natura	il bosco	il fiume
il lago	la natura	il bosco	il fiume	la montagna	la valle	l’oceano	la costa	il paesaggio
l’oceano	la montagna	il lago	il bosco	la costa	il fiume	la valle	il paesaggio	la natura
la natura	la costa	il paesaggio	il lago	la valle	la montagna	il fiume	l’oceano	il bosco
il bosco	il fiume	la valle	il paesaggio	la natura	l’oceano	la costa	la montagna	il lago
il fiume	il bosco	l’oceano	la costa	il paesaggio	la natura	il lago	la valle	la montagna
la montagna	il lago	la natura	la valle	l’oceano	il bosco	il paesaggio	il fiume	la costa
la valle	il paesaggio	la costa	la montagna	il fiume	il lago	il bosco	la natura	l’oceano

73

il sole	il satellite	la stella	la terra	il cielo	lo spazio	la luna	la cometa	il pianeta
il pianeta	il cielo	la terra	la cometa	il satellite	la luna	il sole	la stella	lo spazio
la luna	la cometa	lo spazio	il pianeta	il sole	la stella	il satellite	il cielo	la terra
il satellite	il pianeta	la cometa	la stella	lo spazio	la terra	il cielo	la luna	il sole
la terra	il sole	la luna	il cielo	la cometa	il satellite	il pianeta	lo spazio	la stella
la stella	lo spazio	il cielo	il sole	la luna	il pianeta	la terra	il satellite	la cometa
il cielo	la stella	il sole	il satellite	il pianeta	la cometa	lo spazio	la terra	la luna
lo spazio	la terra	il pianeta	la luna	la stella	il cielo	la cometa	il sole	il satellite
la cometa	la luna	il satellite	lo spazio	la terra	il sole	la stella	il pianeta	il cielo

74

l’orso	il cavallo	la pecora	la scimmia	il cane	il leone	il topo	il lupo	il gatto
il cane	il leone	la scimmia	il gatto	il lupo	il topo	la pecora	il cavallo	l’orso
il lupo	il gatto	il topo	il cavallo	la pecora	l’orso	il leone	la scimmia	il cane
il leone	il cane	il gatto	il lupo	l’orso	il cavallo	la scimmia	la pecora	il topo
il topo	la pecora	il cavallo	il cane	la scimmia	il gatto	il lupo	l’orso	il leone
la scimmia	il lupo	l’orso	il topo	il leone	la pecora	il gatto	il cane	il cavallo
il cavallo	l’orso	il leone	la pecora	il topo	la scimmia	il cane	il gatto	il lupo
il gatto	la scimmia	il cane	il leone	il cavallo	il lupo	l’orso	il topo	la pecora
la pecora	il topo	il lupo	l’orso	il gatto	il cane	il cavallo	il leone	la scimmia

75

il bue	la mucca	il contadino	la fattoria	la gallina	il campo	il trattore	il maiale	la terra
il trattore	la gallina	il maiale	il contadino	il bue	la terra	il campo	la mucca	la fattoria
la terra	la fattoria	il campo	il trattore	il maiale	la mucca	il contadino	il bue	la gallina
il contadino	il maiale	il trattore	la mucca	il campo	la fattoria	la terra	la gallina	il bue
il campo	il bue	la mucca	la terra	il contadino	la gallina	il maiale	la fattoria	il trattore
la fattoria	la terra	la gallina	il maiale	il trattore	il bue	la mucca	il contadino	il campo
la gallina	il contadino	la terra	il campo	la fattoria	il maiale	il bue	il trattore	la mucca
la mucca	il trattore	la fattoria	il bue	la terra	il contadino	la gallina	il campo	il maiale
il maiale	il campo	il bue	la gallina	la mucca	il trattore	la fattoria	la terra	il contadino

76

l’aperitivo	il dolce	l’insalata	l’antipasto	il secondo (piatto)	il piatto del giorno	il primo (piatto)	la bibita	la pizza
l’antipasto	il piatto del giorno	il primo (piatto)	la bibita	la pizza	l’insalata	l’aperitivo	il secondo (piatto)	il dolce
la pizza	la bibita	il secondo (piatto)	l’aperitivo	il primo (piatto)	il dolce	il piatto del giorno	l’insalata	l’antipasto
il primo (piatto)	il secondo (piatto)	l’antipasto	l’insalata	il dolce	la pizza	la bibita	l’aperitivo	il piatto del giorno
la bibita	la pizza	l’aperitivo	il primo (piatto)	il piatto del giorno	l’antipasto	l’insalata	il dolce	il secondo (piatto)
il dolce	l’insalata	il piatto del giorno	il secondo (piatto)	l’aperitivo	la bibita	l’antipasto	la pizza	il primo (piatto)
l’insalata	l’antipasto	il dolce	il piatto del giorno	la bibita	il secondo (piatto)	la pizza	il primo (piatto)	l’aperitivo
il piatto del giorno	il primo (piatto)	la pizza	il dolce	l’insalata	l’aperitivo	il secondo (piatto)	l’antipasto	la bibita
il secondo (piatto)	l’aperitivo	la bibita	la pizza	l’antipasto	il primo (piatto)	il dolce	il piatto del giorno	l’insalata

77

il panino	il cappuccino	la cioccolata	lo zucchero	la marmellata	il miele	il tè	il cornetto	i biscotti
il tè	il miele	lo zucchero	i biscotti	il cornetto	la cioccolata	il panino	la marmellata	il cappuccino
il cornetto	i biscotti	la marmellata	il cappuccino	il panino	il tè	il miele	la cioccolata	lo zucchero
il miele	lo zucchero	il tè	il panino	i biscotti	la marmellata	la cioccolata	il cappuccino	il cornetto
la cioccolata	la marmellata	il cornetto	il tè	lo zucchero	il cappuccino	i biscotti	il panino	il miele
il cappuccino	il panino	i biscotti	il miele	la cioccolata	il cornetto	lo zucchero	il tè	la marmellata
i biscotti	la cioccolata	il miele	il cornetto	il cappuccino	il panino	la marmellata	lo zucchero	il tè
la marmellata	il tè	il cappuccino	la cioccolata	il miele	lo zucchero	il cornetto	i biscotti	il panino
lo zucchero	il cornetto	il panino	la marmellata	il tè	i biscotti	il cappuccino	il miele	la cioccolata

78

la bistecca	la torta	il risotto	il contorno	la minestra	il sugo	l’insalata	i tortellini	la frittata
la minestra	la frittata	l’insalata	il risotto	i tortellini	la bistecca	il sugo	la torta	il contorno
il sugo	i tortellini	il contorno	la torta	la frittata	l’insalata	la minestra	la bistecca	il risotto
i tortellini	l’insalata	la bistecca	la minestra	la torta	il risotto	la frittata	il contorno	il sugo
la torta	il contorno	la minestra	il sugo	l’insalata	la frittata	la bistecca	il risotto	i tortellini
la frittata	il risotto	il sugo	la bistecca	il contorno	i tortellini	la torta	la minestra	l’insalata
il risotto	la bistecca	la frittata	i tortellini	il sugo	la torta	il contorno	l’insalata	la minestra
l’insalata	la minestra	la torta	la frittata	il risotto	il contorno	i tortellini	il sugo	la bistecca
il contorno	il sugo	i tortellini	l’insalata	la bistecca	la minestra	il risotto	la frittata	la torta

79

la tazza	il piatto	il cucchiaio	il bicchiere	il tovagliolo	la tovaglia	le posate	la forchetta	il coltello
la forchetta	il bicchiere	la tovaglia	il coltello	il piatto	le posate	il cucchiaio	il tovagliolo	la tazza
le posate	il coltello	il tovagliolo	la tazza	la forchetta	il cucchiaio	il bicchiere	il piatto	la tovaglia
il coltello	la tovaglia	il piatto	la forchetta	la tazza	il bicchiere	il tovagliolo	il cucchiaio	le posate
il tovagliolo	il cucchiaio	la forchetta	le posate	il coltello	il piatto	la tazza	la tovaglia	il bicchiere
il bicchiere	le posate	la tazza	la tovaglia	il cucchiaio	il tovagliolo	il piatto	il coltello	la forchetta
il cucchiaio	la forchetta	le posate	il piatto	la tovaglia	la tazza	il coltello	il bicchiere	il tovagliolo
il piatto	la tazza	il coltello	il tovagliolo	il bicchiere	la forchetta	la tovaglia	le posate	il cucchiaio
la tovaglia	il tovagliolo	il bicchiere	il cucchiaio	le posate	il coltello	la forchetta	la tazza	il piatto

80

il riso	il pane	il burro	il salame	lo yogurt	la carne	il formaggio	le uova	la pasta
lo yogurt	le uova	il formaggio	il burro	la pasta	il pane	la carne	il salame	il riso
la pasta	la carne	il salame	il riso	il formaggio	le uova	il burro	il pane	lo yogurt
il salame	la pasta	il pane	le uova	il burro	il riso	lo yogurt	la carne	il formaggio
il formaggio	il riso	le uova	la carne	il pane	lo yogurt	il salame	la pasta	il burro
il burro	lo yogurt	la carne	la pasta	il salame	il formaggio	il pane	il riso	le uova
le uova	il formaggio	lo yogurt	il pane	il riso	il salame	la pasta	il burro	la carne
il pane	il burro	il riso	il formaggio	la carne	la pasta	le uova	lo yogurt	il salame
la carne	il salame	la pasta	lo yogurt	le uova	il burro	il riso	il formaggio	il pane

81

il succo	il latte	la verdura	il sale	il prosciutto	l'olio	il pepe	la bibita	il pesce
il prosciutto	il sale	la bibita	il pepe	il pesce	il succo	l'olio	la verdura	il latte
l'olio	il pesce	il pepe	la verdura	il latte	la bibita	il sale	il prosciutto	il succo
il pesce	l'olio	il latte	il succo	la bibita	il prosciutto	la verdura	il sale	il pepe
la verdura	il prosciutto	il succo	il latte	il pepe	il sale	il pesce	l'olio	la bibita
la bibita	il pepe	il sale	il pesce	l'olio	la verdura	il latte	il succo	il prosciutto
il latte	la bibita	l'olio	il prosciutto	il sale	il pepe	il succo	il pesce	la verdura
il sale	il succo	il pesce	la bibita	la verdura	il latte	il prosciutto	il pepe	l'olio
il pepe	la verdura	il prosciutto	l'olio	il succo	il pesce	la bibita	il latte	il sale

82

lo zucchino	la cipolla	il pomodoro	l'asparago	la carota	la melanzana	i fagioli	il cavolo	la patata
la melanzana	la carota	la patata	il pomodoro	il cavolo	i fagioli	lo zucchino	l'asparago	la cipolla
i fagioli	il cavolo	l'asparago	lo zucchino	la patata	la cipolla	la carota	la melanzana	il pomodoro
la carota	la patata	il cavolo	la melanzana	la cipolla	il pomodoro	l'asparago	i fagioli	lo zucchino
l'asparago	il pomodoro	i fagioli	la carota	lo zucchino	la patata	il cavolo	la cipolla	la melanzana
la cipolla	lo zucchino	la melanzana	il cavolo	i fagioli	l'asparago	il pomodoro	la patata	la carota
la patata	i fagioli	la carota	la cipolla	il pomodoro	il cavolo	la melanzana	lo zucchino	l'asparago
il cavolo	l'asparago	lo zucchino	la patata	la melanzana	la carota	la cipolla	il pomodoro	i fagioli
il pomodoro	la melanzana	la cipolla	i fagioli	l'asparago	lo zucchino	la patata	la carota	il cavolo

83

la banana	la fragola	la susina	la pera	la ciliegia	il melone	l'arancia	la mela	la pesca
la ciliegia	la pera	l'arancia	la susina	la mela	la pesca	la banana	il melone	la fragola
la pesca	la mela	il melone	la fragola	la banana	l'arancia	la pera	la susina	la ciliegia
la mela	la pesca	la banana	la ciliegia	l'arancia	la pera	la susina	la fragola	il melone
la fragola	la susina	la pera	la mela	il melone	la banana	la ciliegia	la pesca	l'arancia
l'arancia	il melone	la ciliegia	la pesca	la susina	la fragola	la mela	la banana	la pera
il melone	la banana	la mela	l'arancia	la pesca	la ciliegia	la fragola	la pera	la susina
la susina	la ciliegia	la fragola	il melone	la pera	la mela	la pesca	l'arancia	la banana
la pera	l'arancia	la pesca	la banana	la fragola	la susina	il melone	la ciliegia	la mela

84

la birra	l'acqua	il succo	il vino	l'aperitivo	la coca-cola	la bibita	il tè	il caffè
l'aperitivo	il vino	il caffè	il tè	il succo	la bibita	la birra	l'acqua	la coca-cola
il tè	la bibita	la coca-cola	la birra	il caffè	l'acqua	l'aperitivo	il succo	il vino
la bibita	la coca-cola	l'acqua	il caffè	il tè	il vino	il succo	la birra	l'aperitivo
il succo	il caffè	la birra	la coca-cola	la bibita	l'aperitivo	l'acqua	il vino	il tè
il vino	l'aperitivo	il tè	il succo	l'acqua	la birra	il caffè	la coca-cola	la bibita
la coca-cola	la birra	la bibita	l'acqua	il vino	il caffè	il tè	l'aperitivo	il succo
l'acqua	il succo	l'aperitivo	la bibita	la coca-cola	il tè	il vino	il caffè	la birra
il caffè	il tè	il vino	l'aperitivo	la birra	il succo	la coca-cola	la bibita	l'acqua

85

la spalla	il collo	la schiena	la testa	la gamba	la mano	la bocca	il naso	il ginocchio
il naso	la mano	il ginocchio	la bocca	la spalla	la schiena	il collo	la testa	la gamba
la gamba	la bocca	la testa	il ginocchio	il collo	il naso	la schiena	la mano	la spalla
la testa	il ginocchio	la mano	il naso	la schiena	il collo	la spalla	la gamba	la bocca
la schiena	il naso	la gamba	la spalla	il ginocchio	la bocca	la testa	il collo	la mano
la bocca	la spalla	il collo	la gamba	la mano	la testa	il ginocchio	la schiena	il naso
il ginocchio	la gamba	il naso	la schiena	la testa	la spalla	la mano	la bocca	il collo
la mano	la testa	la spalla	il collo	la bocca	la gamba	il naso	il ginocchio	la schiena
il collo	la schiena	la bocca	la mano	il naso	il ginocchio	la gamba	la spalla	la testa

86

il piede	l'orecchio	il braccio	il petto	la pancia	il viso	la pelle	il dito	la fronte
la pelle	la pancia	il viso	il piede	la fronte	il dito	il braccio	il petto	l'orecchio
il petto	la fronte	il dito	il braccio	l'orecchio	la pelle	il viso	il piede	la pancia
la pancia	la pelle	la fronte	il viso	il braccio	il petto	il piede	l'orecchio	il dito
il viso	il petto	il piede	la fronte	il dito	l'orecchio	la pancia	la pelle	il braccio
il dito	il braccio	l'orecchio	la pancia	la pelle	il piede	la fronte	il viso	il petto
il braccio	il viso	il petto	il dito	il piede	la fronte	l'orecchio	la pancia	la pelle
la fronte	il piede	la pelle	l'orecchio	il petto	la pancia	il dito	il braccio	il viso
l'orecchio	il dito	la pancia	la pelle	il viso	il braccio	il petto	la fronte	il piede

87

l’influenza	la sala di attesa	la ricetta	la tosse	il raffreddore	la salute	la medicina	la febbre	il medico
la salute	la medicina	la tosse	la febbre	il medico	la sala di attesa	la ricetta	il raffreddore	l’influenza
la febbre	il raffreddore	il medico	la ricetta	la medicina	l’influenza	la salute	la sala di attesa	la tosse
la sala di attesa	la salute	l’influenza	il raffreddore	la ricetta	la febbre	la tosse	il medico	la medicina
il raffreddore	la tosse	la medicina	la sala di attesa	l’influenza	il medico	la febbre	la ricetta	la salute
il medico	la ricetta	la febbre	la medicina	la salute	la tosse	la sala di attesa	l’influenza	il raffreddore
la medicina	il medico	la salute	l’influenza	la sala di attesa	la ricetta	il raffreddore	la tosse	la febbre
la ricetta	la febbre	il raffreddore	il medico	la tosse	la medicina	l’influenza	la salute	la sala di attesa
la tosse	l’influenza	la sala di attesa	la salute	la febbre	il raffreddore	il medico	la medicina	la ricetta

88

gentile	nervoso	allegro	serio	sensibile	tranquillo	triste	simpatico	divertente
serio	simpatico	sensibile	triste	divertente	nervoso	tranquillo	gentile	allegro
triste	tranquillo	divertente	simpatico	gentile	allegro	sensibile	nervoso	serio
simpatico	triste	serio	gentile	nervoso	sensibile	divertente	allegro	tranquillo
nervoso	divertente	tranquillo	allegro	simpatico	serio	gentile	sensibile	triste
allegro	sensibile	gentile	divertente	tranquillo	triste	simpatico	serio	nervoso
sensibile	gentile	nervoso	tranquillo	allegro	divertente	serio	triste	simpatico
divertente	serio	simpatico	nervoso	triste	gentile	allegro	tranquillo	sensibile
tranquillo	allegro	triste	sensibile	serio	simpatico	nervoso	divertente	gentile

89

piacere	tollerare	odiare	sopportare	interessarsi	preferire	detestare	amare	ammirare
interessarsi	sopportare	amare	odiare	ammirare	detestare	tollerare	piacere	preferire
detestare	ammirare	preferire	tollerare	piacere	amare	interessarsi	sopportare	odiare
amare	preferire	interessarsi	detestare	odiare	tollerare	sopportare	ammirare	piacere
ammirare	detestare	piacere	interessarsi	amare	sopportare	preferire	odiare	tollerare
tollerare	odiare	sopportare	ammirare	preferire	piacere	amare	interessarsi	detestare
odiare	interessarsi	tollerare	preferire	sopportare	ammirare	piacere	detestare	amare
sopportare	amare	detestare	piacere	tollerare	odiare	ammirare	preferire	interessarsi
preferire	piacere	ammirare	amare	detestare	interessarsi	odiare	tollerare	sopportare

90

basso	bello	grasso	alto	magro	grande	carino	piccolo	brutto
grande	magro	carino	piccolo	brutto	grasso	alto	basso	bello
brutto	piccolo	alto	bello	basso	carino	magro	grande	grasso
piccolo	alto	bello	magro	carino	brutto	grande	grasso	basso
grasso	carino	basso	grande	alto	piccolo	brutto	bello	magro
magro	grande	brutto	basso	grasso	bello	piccolo	carino	alto
alto	basso	piccolo	carino	bello	magro	grasso	brutto	grande
bello	grasso	grande	brutto	piccolo	alto	basso	magro	carino
carino	brutto	magro	grasso	grande	basso	bello	alto	piccolo

91

dipingere	giocare	disegnare	cantare	leggere	ballare	ascoltare musica	fare bricolage	passeggiare
cantare	ballare	fare bricolage	passeggiare	disegnare	ascoltare musica	leggere	giocare	dipingere
passeggiare	ascoltare musica	leggere	giocare	dipingere	fare bricolage	cantare	disegnare	ballare
leggere	disegnare	passeggiare	fare bricolage	ballare	dipingere	giocare	cantare	ascoltare musica
giocare	dipingere	cantare	leggere	ascoltare musica	passeggiare	fare bricolage	ballare	disegnare
ballare	fare bricolage	ascoltare musica	disegnare	cantare	giocare	passeggiare	dipingere	leggere
disegnare	cantare	giocare	dipingere	passeggiare	leggere	ballare	ascoltare musica	fare bricolage
fare bricolage	passeggiare	ballare	ascoltare musica	giocare	disegnare	dipingere	leggere	cantare
ascoltare musica	leggere	dipingere	ballare	fare bricolage	cantare	disegnare	passeggiare	giocare

92

il ciclismo	il record	la squadra	la partita	il nuoto	il golf	la gara	il calcio	il tennis
il golf	il tennis	il calcio	la gara	la squadra	il record	la partita	il nuoto	il ciclismo
la partita	il nuoto	la gara	il calcio	il ciclismo	il tennis	la squadra	il golf	il record
il tennis	il ciclismo	la partita	la squadra	il calcio	il nuoto	il golf	il record	la gara
il calcio	la gara	il record	il tennis	il golf	la partita	il nuoto	il ciclismo	la squadra
la squadra	il golf	il nuoto	il record	la gara	il ciclismo	il calcio	il tennis	la partita
il record	il calcio	il ciclismo	il golf	la partita	la squadra	il tennis	la gara	il nuoto
il nuoto	la partita	il golf	il ciclismo	il tennis	la gara	il record	la squadra	il calcio
la gara	la squadra	il tennis	il nuoto	il record	il calcio	il ciclismo	la partita	il golf

93

l’anniversario	il regalo	il compleanno	la sorpresa	l’ospite	la celebrazione	la festa	il matrimonio	l’invitato
l’ospite	la festa	la celebrazione	il matrimonio	l’invitato	il regalo	la sorpresa	il compleanno	l’anniversario
il matrimonio	la sorpresa	l’invitato	l’anniversario	il compleanno	la festa	l’ospite	la celebrazione	il regalo
la sorpresa	l’anniversario	il matrimonio	l’ospite	la festa	l’invitato	la celebrazione	il regalo	il compleanno
la festa	il compleanno	il regalo	la celebrazione	la sorpresa	il matrimonio	l’invitato	l’anniversario	l’ospite
la celebrazione	l’invitato	l’ospite	il compleanno	il regalo	l’anniversario	il matrimonio	la festa	la sorpresa
il regalo	la celebrazione	l’anniversario	l’invitato	il matrimonio	la sorpresa	il compleanno	l’ospite	la festa
l’invitato	l’ospite	la festa	il regalo	la celebrazione	il compleanno	l’anniversario	la sorpresa	il matrimonio
il compleanno	il matrimonio	la sorpresa	la festa	l’anniversario	l’ospite	il regalo	l’invitato	la celebrazione

94

la musica	la discoteca	il teatro	l’opera	il film	il cinema	il festival	il concerto	la televisione
la televisione	l’opera	il cinema	il festival	la musica	il concerto	la discoteca	il film	il teatro
il film	il festival	il concerto	il teatro	la discoteca	la televisione	il cinema	l’opera	la musica
il concerto	il cinema	la televisione	la musica	l’opera	il teatro	il film	il festival	la discoteca
il festival	il film	la musica	la televisione	il cinema	la discoteca	il concerto	il teatro	l’opera
l’opera	il teatro	la discoteca	il film	il concerto	il festival	la musica	la televisione	il cinema
il teatro	la musica	l’opera	la discoteca	il festival	il film	la televisione	il cinema	il concerto
il cinema	la televisione	il festival	il concerto	il teatro	la musica	l’opera	la discoteca	il film
la discoteca	il concerto	il film	il cinema	la televisione	l’opera	il teatro	la musica	il festival

95

la televisione	la rivista	la stampa	Internet	il giornale	la radio	il libro	l’informazione	il quotidiano
la radio	il giornale	il quotidiano	la stampa	l’informazione	il libro	la televisione	Internet	la rivista
il libro	l’informazione	Internet	la televisione	il quotidiano	la rivista	il giornale	la radio	la stampa
la rivista	la televisione	la radio	l’informazione	il libro	Internet	la stampa	il quotidiano	il giornale
il giornale	il quotidiano	l’informazione	la radio	la rivista	la stampa	Internet	il libro	la televisione
Internet	la stampa	il libro	il giornale	la televisione	il quotidiano	l’informazione	la rivista	la radio
il quotidiano	il libro	il giornale	la rivista	la stampa	l’informazione	la radio	la televisione	Internet
l’informazione	Internet	la televisione	il quotidiano	la radio	il giornale	la rivista	la stampa	il libro
la stampa	la radio	la rivista	il libro	Internet	la televisione	il quotidiano	il giornale	l’informazione

96

la rete	lo scanner	la stampante	il mouse	la chiavetta USB	la tastiera	il documento	lo schermo	il file
il mouse	la tastiera	il documento	lo schermo	il file	la stampante	la rete	la chiavetta USB	lo scanner
il file	lo schermo	la chiavetta USB	la rete	il documento	lo scanner	la tastiera	la stampante	il mouse
il documento	la chiavetta USB	il mouse	la stampante	lo scanner	il file	lo schermo	la rete	la tastiera
lo schermo	il file	la rete	il documento	la tastiera	il mouse	la stampante	lo scanner	la chiavetta USB
lo scanner	la stampante	la tastiera	la chiavetta USB	la rete	lo schermo	il mouse	il file	il documento
la stampante	il mouse	lo scanner	la tastiera	lo schermo	la chiavetta USB	il file	il documento	la rete
la tastiera	il documento	il file	lo scanner	la stampante	la rete	la chiavetta USB	il mouse	lo schermo
la chiavetta USB	la rete	lo schermo	il file	il mouse	il documento	lo scanner	la tastiera	la stampante

97

il quaderno	l’insegnante	lo studente	la lavagna	la matita	la gomma	il libro	la penna	il foglio
la gomma	il libro	la lavagna	l’insegnante	il foglio	la penna	il quaderno	la matita	lo studente
il foglio	la penna	la matita	il libro	lo studente	il quaderno	la gomma	l’insegnante	la lavagna
la penna	il foglio	l’insegnante	la gomma	il libro	la matita	lo studente	la lavagna	il quaderno
lo studente	la matita	il libro	la penna	il quaderno	la lavagna	il foglio	la gomma	l’insegnante
la lavagna	la gomma	il quaderno	lo studente	l’insegnante	il foglio	la penna	il libro	la matita
il libro	lo studente	la penna	il foglio	la lavagna	l’insegnante	la matita	il quaderno	la gomma
l’insegnante	il quaderno	la gomma	la matita	la penna	lo studente	la lavagna	il foglio	il libro
la matita	la lavagna	il foglio	il quaderno	la gomma	il libro	l’insegnante	lo studente	la penna

98

la risposta	l’errore	la lezione	il vocabolario	i compiti	la traduzione	la domanda	l’esame	la grammatica
il vocabolario	la domanda	la grammatica	l’esame	l’errore	la risposta	i compiti	la lezione	la traduzione
la traduzione	i compiti	l’esame	la domanda	la lezione	la grammatica	il vocabolario	la risposta	l’errore
la lezione	la grammatica	i compiti	l’errore	la traduzione	il vocabolario	la risposta	la domanda	l’esame
l’errore	il vocabolario	la domanda	la risposta	l’esame	la lezione	la grammatica	la traduzione	i compiti
l’esame	la risposta	la traduzione	la grammatica	la domanda	i compiti	l’errore	il vocabolario	la lezione
i compiti	la traduzione	l’errore	la lezione	la risposta	la domanda	l’esame	la grammatica	il vocabolario
la grammatica	l’esame	la risposta	la traduzione	il vocabolario	l’errore	la lezione	i compiti	la domanda
la domanda	la lezione	il vocabolario	i compiti	la grammatica	l’esame	la traduzione	l’errore	la risposta

99

il medico	la segretaria	il giornalista	il fornaio	il parrucchiere	l'insegnante	il musicista	l'architetto	il dentista
l'architetto	l'insegnante	il parrucchiere	il giornalista	il dentista	il musicista	il medico	la segretaria	il fornaio
il fornaio	il dentista	il musicista	l'architetto	la segretaria	il medico	il parrucchiere	il giornalista	l'insegnante
il parrucchiere	il medico	l'insegnante	la segretaria	il giornalista	il dentista	l'architetto	il fornaio	il musicista
il dentista	l'architetto	il fornaio	il musicista	l'insegnante	il parrucchiere	il giornalista	il medico	la segretaria
il giornalista	il musicista	la segretaria	il medico	il fornaio	l'architetto	l'insegnante	il dentista	il parrucchiere
l'insegnante	il giornalista	l'architetto	il dentista	il musicista	il fornaio	la segretaria	il parrucchiere	il medico
il musicista	il fornaio	il medico	il parrucchiere	l'architetto	la segretaria	il dentista	l'insegnante	il giornalista
la segretaria	il parrucchiere	il dentista	l'insegnante	il medico	il giornalista	il fornaio	il musicista	l'architetto

100

il direttore	il prodotto	la disoccupazione	il posto	l'impiegato	il collega	la direzione	il personale	il contratto
la direzione	il collega	l'impiegato	il direttore	il contratto	il personale	la disoccupazione	il prodotto	il posto
il posto	il personale	il contratto	il prodotto	la direzione	la disoccupazione	il direttore	l'impiegato	il collega
il personale	il posto	il direttore	l'impiegato	il prodotto	la direzione	il collega	il contratto	la disoccupazione
il collega	la disoccupazione	il prodotto	il contratto	il personale	il posto	l'impiegato	il direttore	la direzione
il contratto	l'impiegato	la direzione	il collega	la disoccupazione	il direttore	il prodotto	il posto	il personale
l'impiegato	la direzione	il personale	la disoccupazione	il direttore	il contratto	il posto	il collega	il prodotto
il prodotto	il contratto	il posto	la direzione	il collega	l'impiegato	il personale	la disoccupazione	il direttore
la disoccupazione	il direttore	il collega	il personale	il posto	il prodotto	il contratto	la direzione	l'impiegato

101

il compratore	la vendita	la spesa	il venditore	la marca	il cliente	il negozio	il mercato	il prezzo
il mercato	il venditore	il cliente	il prezzo	il compratore	il negozio	la marca	la spesa	la vendita
la marca	il prezzo	il negozio	la spesa	la vendita	il mercato	il venditore	il compratore	il cliente
il venditore	la spesa	la vendita	la marca	il negozio	il prezzo	il mercato	il cliente	il compratore
il negozio	il cliente	il mercato	il compratore	il venditore	la spesa	il prezzo	la vendita	la marca
il prezzo	la marca	il compratore	il mercato	il cliente	la vendita	la spesa	il venditore	il negozio
il cliente	il mercato	il prezzo	il negozio	la spesa	il compratore	la vendita	la marca	il venditore
la vendita	il negozio	la marca	il cliente	il mercato	il venditore	il compratore	il prezzo	la spesa
la spesa	il compratore	il venditore	la vendita	il prezzo	la marca	il cliente	il negozio	il mercato

102

là	spesso	mai	ieri	oggi	presto	domani	già	qui
presto	oggi	qui	già	mai	domani	ieri	spesso	là
già	domani	ieri	qui	spesso	là	mai	presto	oggi
domani	già	là	oggi	presto	qui	spesso	ieri	mai
spesso	mai	oggi	là	domani	ieri	già	qui	presto
qui	ieri	presto	spesso	già	mai	là	oggi	domani
ieri	là	domani	presto	qui	già	oggi	mai	spesso
mai	presto	spesso	domani	ieri	oggi	qui	là	già
oggi	qui	già	mai	là	spesso	presto	domani	ieri

103

poi	sempre	dopo	subito	prima	finora	tardi	adesso	allora
allora	prima	subito	adesso	poi	tardi	sempre	dopo	finora
finora	adesso	tardi	sempre	allora	dopo	prima	poi	subito
adesso	subito	prima	poi	dopo	sempre	allora	finora	tardi
dopo	tardi	finora	allora	adesso	subito	poi	sempre	prima
sempre	poi	allora	finora	tardi	prima	dopo	subito	adesso
tardi	finora	sempre	dopo	subito	allora	adesso	prima	poi
prima	dopo	poi	tardi	finora	adesso	subito	allora	sempre
subito	allora	adesso	prima	sempre	poi	finora	tardi	dopo

104

uscire	andare	ritornare	entrare	arrivare	salire	andare via	venire	scendere
arrivare	entrare	scendere	venire	ritornare	andare via	uscire	andare	salire
venire	andare via	salire	uscire	scendere	andare	arrivare	ritornare	entrare
andare via	salire	andare	scendere	venire	entrare	ritornare	uscire	arrivare
ritornare	scendere	uscire	salire	andare via	arrivare	andare	entrare	venire
entrare	arrivare	venire	ritornare	andare	uscire	scendere	salire	andare via
salire	uscire	andare via	andare	entrare	scendere	venire	arrivare	ritornare
andare	ritornare	arrivare	andare via	salire	venire	entrare	scendere	uscire
scendere	venire	entrare	arrivare	uscire	ritornare	salire	andare via	andare

105

percepire	vedere	annusare	ascoltare	guardare	sentire	toccare	osservare	udire
guardare	ascoltare	udire	osservare	annusare	toccare	percepire	vedere	sentire
osservare	toccare	sentire	percepire	udire	vedere	guardare	annusare	ascoltare
toccare	sentire	vedere	udire	osservare	ascoltare	annusare	percepire	guardare
annusare	udire	percepire	sentire	toccare	guardare	vedere	ascoltare	osservare
ascoltare	guardare	osservare	annusare	vedere	percepire	udire	sentire	toccare
udire	osservare	ascoltare	guardare	percepire	annusare	sentire	toccare	vedere
sentire	percepire	toccare	vedere	ascoltare	udire	osservare	guardare	annusare
vedere	annusare	guardare	toccare	sentire	osservare	ascoltare	udire	percepire

106

telefonare	commentare	chiedere	discutere	informare	confermare	parlare	comunicare	reclamare
confermare	informare	reclamare	chiedere	comunicare	parlare	telefonare	discutere	commentare
parlare	comunicare	discutere	telefonare	reclamare	commentare	informare	confermare	chiedere
informare	reclamare	comunicare	confermare	commentare	chiedere	discutere	parlare	telefonare
discutere	chiedere	parlare	informare	telefonare	reclamare	comunicare	commentare	confermare
commentare	telefonare	confermare	comunicare	parlare	discutere	chiedere	reclamare	informare
reclamare	parlare	informare	commentare	chiedere	comunicare	confermare	telefonare	discutere
comunicare	discutere	telefonare	reclamare	confermare	informare	commentare	chiedere	parlare
chiedere	confermare	commentare	parlare	discutere	telefonare	reclamare	informare	comunicare

Glossar

Erklärungen

m. männlich (bei Substantiven im Singular Artikel *il* bzw. vor Vokalen *l'* und vor s + Konsonant, z, gn, ps, x oder y *lo*)
f. weiblich (bei Substantiven im Singular Artikel *la* bzw. vor Vokalen *l'*)
Sg. Singular
Pl. Plural (bei männlichen Substantiven Artikel *i* (vor Vokalen bzw. s + Konsonant, z, gn, ps, x oder y *gli*) und bei weiblichen Substantiven Artikel *le*)

A

a ..... in; auf; an; bei; zu; nach; bis
  a domani ..... bis morgen
acqua *(f.)* ..... Wasser
adesso ..... jetzt
aereo *(m.)* ..... Flugzeug
Africa *(f.)* ..... Afrika
agosto *(m.)* ..... August
albergo *(m.)* ..... Hotel
albero *(m.)* ..... Baum
  fra due alberi ..... zwischen zwei Bäumen
allegro ..... heiter, fröhlich
allora ..... also, nun; damals
alto ..... groß; hoch
amare ..... lieben
ammirare ..... bewundern
andare ..... gehen, fahren
  andare via ..... weggehen
anniversario *(m.)* ..... Jahrestag, Jubiläum
anno *(m.)* ..... Jahr
annusare ..... schnuppern
antipasto *(m.)* ..... Vorspeise
aperitivo *(m.)* ..... Aperitif
appartamento *(m.)* ..... (Ferien-)Wohnung
aprile *(m.)* ..... April
arancia *(f.)* ..... Orange
arancione ..... orange
architetto *(m.)* ..... Architekt
arrivare ..... ankommen
arrivo *(m.)* ..... Ankunft
ascensore *(m.)* ..... Aufzug
asciugamano *(m.)* ..... Handtuch
ascoltare ..... (zu)hören
  ascoltare musica ..... Musik hören
Asia *(f.)* ..... Asien
asparago *(m.)* ..... Spargel
aspirapolvere *(m.)* ..... Staubsauger
atterraggio *(m.)* ..... Landung
attore *(m.)* ..... Schauspieler
attraverso ..... durch (... hindurch)
  attraverso il bosco ..... durch den Wald
attrice *(f.)* ..... Schauspielerin
Austria *(f.)* ..... Österreich
autobus *(m.)* ..... Bus
autunno *(m.)* ..... Herbst
avere ..... haben
azzurro ..... (azur-)blau

B

bagaglio *(m.)* ..... Gepäck
bagno *(m.)* ..... Bad
balcone *(m.)* ..... Balkon
ballare ..... tanzen
banana *(f.)* ..... Banane
banca *(f.)* ..... Bank *(Geldinstitut)*
banconota *(f.)* ..... Geldschein
bar *(m.)* ..... Bar; Café
barca *(f.)* ..... Boot
barra *(f.)* ..... Schrägstrich
basso ..... klein
Belgio *(m.)* ..... Belgien
bello ..... schön
bere ..... trinken
bevanda *(f.)* ..... Getränk
bianco ..... weiß
bibita *(f.)* ..... (Erfrischungs-)Getränk, Softdrink
biblioteca *(f.)* ..... Bücherregal
bicchiere *(m.)* ..... (Trink-)Glas
bicicletta *(f.)* ..... Fahrrad
biglietto *(m.)* ..... Fahrkarte, Ticket
bikini *(m.)* ..... Bikini
binario *(m.)* ..... Gleis
birra *(f.)* ..... Bier
biscotto *(m.)* ..... Keks
bistecca *(f.)* ..... Steak
bocca *(f.)* ..... Mund
borsellino *(m.)* ..... Geldbeutel
bosco *(m.)* ..... Wald
braccio *(m.)* ..... Arm
bricolage *(m.)* ..... Heimwerken
  fare bricolage ..... heimwerken
brutto ..... hässlich
bue *(m.)* ..... Ochse
burro *(m.)* ..... Butter
busta *(f.)* ..... Briefumschlag

C

caffè *(m.)* ..... Kaffee
caffettiera *(f.)* ..... Kaffeemaschine
calcio *(m.)* ..... Fußball
caldo ..... warm
caldo *(m.)* ..... Hitze
calze *(f. Pl.)* ..... Strümpfe
camera *(f.)* ..... Zimmer
  camera *(f.)* da letto ..... Schlafzimmer
  camera *(f.)* doppia ..... Doppelzimmer
  camera *(f.)* singola ..... Einzelzimmer
camicetta *(f.)* ..... Bluse
camicia *(f.)* ..... Hemd
  camicia *(f.)* da notte ..... Nachthemd
camion *(m.)* ..... Lastwagen
campeggio *(m.)* ..... Campingplatz

campo *(m.)*	Feld, Acker
cane *(m.)*	Hund
cantare	singen
cantina *(f.)*	Keller
capire	verstehen
Capodanno	Neujahr
cappello *(m.)*	Hut
cappotto *(m.)*	Mantel
cappuccino *(m.)*	Cappuccino
carino	hübsch
carne *(f.)*	Fleisch
Carnevale *(m.)*	Karneval, Fasching
carota *(f.)*	Karotte
carta *(f.)* di credito	Kreditkarte
cartoleria *(f.)*	Schreibwarengeschäft
cartolina *(f.)*	Postkarte
castello *(m.)*	Burg, Schloss
cattedrale *(f.)*	Kathedrale
cavalla *(f.)*	Stute
cavallo *(m.)*	Pferd
cavolo *(m.)*	Kohl
celebrazione *(f.)*	Feier, Feierlichkeit
cena *(f.)*	Abendessen
durante la cena	während des Abendessens
cenare	zu Abend essen
cento	hundert
centonove	hundertneun
chi?	wer?
chiave *(f.)*	Schlüssel
chiavetta *(f.)* USB	USB-Stick
chiedere	fragen
chiesa *(f.)*	Kirche
chiocciola *(f.)*	Klammeraffe (@)
ciclismo *(m.)*	Radsport
cielo *(m.)*	Himmel
ciliegia *(f.)*	Kirsche
cinema *(m.)*	Kino
cinquanta	fünfzig
cinquantaquattro	vierundfünzig
cinque	fünf
cintura *(f.)*	Gürtel
cioccolata *(f.)*	Kakao *(Getränk)*
cipolla *(f.)*	Zwiebel
cliente *(m. / f.)*	Kunde, Kundin
coca-cola *(f.)*	Coca Cola
cognome *(m.)*	Nachname
collega *(m. / f.)*	Kollege, Kollegin
collo *(m.)*	Hals
coltello *(m.)*	Messer
come?	wie?
cometa *(f.)*	Komet
cominciare a (fare qualcosa)	beginnen, anfangen (etwas zu tun)
commentare	kommentieren, bewerten
comò *(m.)*	Kommode
compiti *(m. Pl.)*	Hausaufgaben
compleanno *(m.)*	Geburtstag
compratore *(m.)*	Käufer
comunicare	mitteilen, bekannt geben
concerto *(m.)*	Konzert
confermare	bestätigen
contadino *(m.)*	Bauer
continente *(m.)*	Kontinent
contorno *(m.)*	Beilage
contratto *(m.)*	Vertrag
controllore *(m.)*	Kontrolleur, Schaffner
cornetto *(m.)*	Croissant
corretto	richtig, korrekt
corridoio *(m.)*	Flur
corso *(m.)*	Kurs
dopo il corso	nach dem Kurs
costa *(f.)*	Küste
costume *(m.)* da bagno	Badeanzug, Badehose
cucchiaio *(m.)*	Löffel
cucina *(f.)*	Küche

D

da	bei; zu; von; aus; seit
da ieri	seit gestern
data *(f.)* di nascita	Geburtsdatum
davanti a	vor
davanti al televisore	vor dem Fernseher
decollo *(m.)*	Start *(Flugzeug)*
delitto *(m.)*	Verbrechen
dente *(m.)*	Zahn
dentifricio *(m.)*	Zahnpasta
dentista *(m. / f.)*	Zahnarzt, Zahnärztin
denuncia *(f.)*	(Straf-)Anzeige
descrizione *(f.)*	Beschreibung
destinazione *(f.)*	(Reise-)Ziel
detestare	verabscheuen
dicembre *(m.)*	Dezember
diciannove	neunzehn
diciassette	siebzehn
diciotto	achtzehn
dieci	zehn
dietro	hinter
dietro la porta	hinter der Tür
dipingere	malen
diploma *(m.)*	Abschlusszeugnis
dire	sagen
direttore *(m.)*	Direktor, Leiter
direzione *(f.)*	Geschäftsleitung
discoteca *(f.)*	Diskothek
discussione *(f.)*	Diskussion, Auseinander-setzung
discutere	diskutieren, besprechen
disegnare	zeichnen
disoccupazione *(f.)*	Arbeitslosigkeit
dito *(m.)*	Finger
divano *(m.)*	Sofa, Couch
divertente	lustig
doccia *(f.)*	Dusche
documento *(m.)*	Dokument
dodici	zwölf
dolce *(m.)*	Nachspeise, Dessert
domanda *(f.)*	Frage
domani	morgen
domenica *(f.)*	Sonntag

dopo ... nach, nachher, danach
  dopo il corso ... nach dem Kurs
doppio ... doppelt, Doppel-
  camera *(f.)* doppia ... Doppelzimmer
dormire ... schlafen
dove? ... wo?; wohin?
dovere ... müssen, sollen
due ... zwei
durante ... während
  durante la cena ... während des Abendessens

E

e-mail *(f.)* ... E-Mail
entrare ... hineingehen
entrata *(f.)* ... Eingang
errore *(m.)* ... Fehler
esame *(m.)* ... Prüfung
essere ... sein
est *(m.)* ... Osten
estate *(f.)* ... Sommer
euro *(m.)* ... Euro
Europa *(f.)* ... Europa

F

fagioli *(m. Pl.)* ... Bohnen
fare ... machen, tun
  fare bricolage ... heimwerken
fattoria *(f.)* ... Bauernhof
febbraio *(m.)* ... Februar
febbre *(f.)* ... Fieber
fermata *(m.)* dell'autobus ... Bushaltestelle
ferro *(m.)* da stiro ... Bügeleisen
festa *(f.)* ... Feier, Fest; Feiertag
festival *(m.)* ... Festival
figlia *(f.)* ... Tochter
figlio *(m.)* ... Sohn
file *(m.)* ... Datei
film *(m.)* ... Film
fine *(m.)* settimana ... Wochenende
finestra *(f.)* ... Fenster
finire di (fare qualcosa) ... beenden, aufhören (etwas zu tun)
finora ... bisher, bis jetzt
fiore *(m.)* ... Blume
fiume *(m.)* ... Fluss
foglia *(f.)* ... Blatt *(Baum)*
foglio *(m.)* ... Blatt *(Papier)*
forchetta *(f.)* ... Gabel
formaggio *(m.)* ... Käse
formazione *(f.)* professionale Berufsausbildung
fornaio *(m.)* ... Bäcker
forno *(m.)* ... Ofen
fra ... zwischen
  fra due alberi ... zwischen zwei Bäumen
fragola *(f.)* ... Erdbeere
francese *(m.)* ... Französisch *(Sprache)*
Francia *(f.)* ... Frankreich
francobollo *(m.)* ... Briefmarke
fratello *(m.)* ... Bruder
freddo ... kalt
freddo *(m.)* ... Kälte
frigorifero *(m.)* ... Kühlschrank
frittata *(f.)* ... Omelett
fronte *(f.)* ... Stirn
frontiera *(f.)* ... Grenze

G

gallina *(f.)* ... Henne, Huhn
gallo *(m.)* ... Hahn
gamba *(f.)* ... Bein
gara *(f.)* ... Wettkampf, Wettrennen
gatto *(m.)* ... Katze
gennaio *(m.)* ... Januar
gentile ... freundlich, nett
Germania *(f.)* ... Deutschland
già ... schon
giacca *(f.)* ... Jacke
giallo ... gelb
giardinaggio *(m.)* ... Gartenarbeit
ginocchio *(m.)* ... Knie
giocare ... spielen
giornale *(m.)* ... Zeitung
giornalista *(m. / f.)* ... Journalist(in)
giorno *(m.)* ... Tag
giovane ... jung
giovedì *(m.)* ... Donnerstag
giugno *(m.)* ... Juni
golf *(m.)* ... Golf
gomma *(f.)* ... Radiergummi
gonna *(f.)* ... Rock
grammatica *(f.)* ... Grammatik
grande ... groß
grasso ... dick
Grecia *(f.)* ... Griechenland
grigio ... grau
guanti *(m. Pl.)* ... Handschuhe
guardare ... (an)sehen, anschauen
guida *(f.)* ... Reiseführer

H

hostess *(f.)* ... Stewardess

I

ieri ... gestern
  da ieri ... seit gestern
illegale ... illegal, gesetzwidrig
impermeabile *(m.)* ... Regenmantel
impiegato *(m.)* ... Angestellter
in ... in; auf; nach
  in strada ... auf der Straße
incrocio *(m.)* ... Kreuzung
indirizzo *(m.)* ... Adresse
influenza *(f.)* ... Grippe
informare ... informieren, benachrichtigen
informazione *(f.)* ... Information

Inghilterra *(f.)*	England
inglese *(m.)*	Englisch *(Sprache)*
innamorarsi di (qualcuno)	sich in (jemanden) verlieben
insalata *(f.)*	Salat
insegnante *(m. / f.)*	Lehrer(in)
insetto *(m.)*	Insekt
interessarsi	sich interessieren
Internet	Internet
inverno *(m.)*	Winter
invitato *(m.)*	Gast
irregolare	unregelmäßig
Italia *(f.)*	Italien
italiano *(m.)*	Italienisch *(Sprache)*

L

là	dort
ladro *(m.)*	Dieb
lago *(m.)*	See
latte *(m.)*	Milch
laurea *(f.)*	Hochschulabschluss
lavabo *(m.)*	Waschbecken
lavagna *(f.)*	Tafel *(Schule)*
lavastoviglie *(f.)*	Spülmaschine
lavatrice *(f.)*	Waschmaschine
lavello *(m.)*	Spülbecken
legale	legal, gesetzmäßig
leggere	lesen
leone *(m.)*	Löwe
lettera *(f.)*	Brief
letto *(m.)*	Bett
camera *(f.)* da letto	Schlafzimmer
lezione *(f.)*	Unterrichtsstunde
libero	frei
libertà *(f.)*	Freiheit
libreria *(f.)*	Buchhandlung
libro *(m.)*	Buch
liceo *(m.)*	Gymnasium
luglio *(m.)*	Juli
lumaca *(f.)*	Schnecke
luna *(f.)*	Mond
lunedì *(m.)*	Montag
lupo *(m.)*	Wolf

M

macchina *(f.)*	Auto
macelleria *(f.)*	Metzgerei
madre *(f.)*	Mutter
maggio *(m.)*	Mai
maglietta *(f.)*	T-Shirt
maglione *(m.)*	Pullover
magro	dünn, mager
mai	nie
maiale *(m.)*	Schwein
mangiare	essen
prima di mangiare	vor dem Essen
mano *(f.)*	Hand
marca *(f.)*	Marke
marciapiede *(m.)*	Gehweg
mare *(m.)*	Meer
marito *(m.)*	Ehemann
marmellata *(f.)*	Marmelade
martedì *(m.)*	Dienstag
marzo *(m.)*	März
matita *(f.)*	Bleistift
matrimonio *(m.)*	Hochzeit
mattina *(f.)*	Morgen, Vormittag
medicina *(f.)*	Medizin, Arzneimittel
medico *(m.)*	Arzt
mela *(f.)*	Apfel
melanzana *(f.)*	Aubergine
melone *(m.)*	Melone
mercato *(m.)*	Markt
mercoledì *(m.)*	Mittwoch
mese *(m.)*	Monat
metropolitana *(f.)*	U-Bahn
mezzanotte *(f.)*	Mitternacht
mezzo	halb, Halb-
mezza pensione *(f.)*	Halbpension
microonde *(m.)*	Mikrowelle
miele *(m.)*	Honig
minestra *(f.)*	Suppe
minuto *(m.)*	Minute
mobili *(m. Pl.)*	Möbel
moglie *(f.)*	Ehefrau
mondo *(m.)*	Welt
moneta *(f.)*	Münze
montagna *(f.)*	Berg, Gebirge
moto *(f.)*	Motorrad
mouse *(m.)*	(Computer-)Maus
mucca *(f.)*	Kuh
municipio *(m.)*	Rathaus
museo *(m.)*	Museum
musica *(f.)*	Musik
ascoltare musica	Musik hören
musicista *(m. / f.)*	Musiker(in)

N

naso *(m.)*	Nase
Natale *(m.)*	Weihnachten
natura *(f.)*	Natur
nazionalità *(f.)*	Staatsangehörigkeit
nebbia *(f.)*	Nebel
negozio *(m.)*	Geschäft
nero	schwarz
nervoso	unruhig, nervös
neve *(f.)*	Schnee
nome *(m.)*	Name
nonna *(f.)*	Großmutter
nonno *(m.)*	Großvater
nono	neunter, neunte, neuntes
nord *(m.)*	Norden
Nordamerica *(m.)*	Nordamerika
notte *(f.)*	Nacht
camicia *(f.)* da notte	Nachthemd
novanta	neunzig
novantotto	achtundneunzig
nove	neun

novembre *(m.)* .... November
nuoto *(m.)* .... Schwimmen, Schwimmsport

O

Oceania *(f.)* .... Ozeanien
oceano *(m.)* .... Ozean
odiare .... hassen
oggi .... heute
olio *(m.)* .... Öl
ombrellone *(m.)* .... Sonnenschirm
onda *(f.)* .... Welle
opera *(f.)* .... Oper
ora *(f.)* .... Stunde
orario *(m.)* .... Fahrplan
orecchio *(m.)* .... Ohr
orso *(m.)* .... Bär
ospite *(m. / f.)* .... Gast; Gastgeber(in)
osservare .... beobachten, betrachten
ottanta .... achtzig
ottantasette .... siebenundachtzig
ottavo .... achter, achte, achtes
otto .... acht
ottobre *(m.)* .... Oktober
ovest *(m.)* .... Westen

P

pacchetto *(m.)* .... Päckchen
padella *(f.)* .... Pfanne
padre *(m.)* .... Vater
paesaggio *(m.)* .... Landschaft
paese *(m.)* .... Land
Paesi Bassi *(m. Pl.)* .... Niederlande
pagina *(f.)* web .... Webseite
paletta *(f.)* .... (kleine) Schaufel
pancia *(f.)* .... Bauch
pane *(m.)* .... Brot
panetteria *(f.)* .... Bäckerei
panino *(m.)* .... Brötchen
pantaloni *(m. Pl.)* .... Hose
parco *(m.)* .... Park
parlare .... sprechen
parrucchiere *(m.)* .... Friseur
partenza *(f.)* .... Abfahrt
partita *(f.)* .... Spiel *(Sport)*
Pasqua *(f.)* .... Ostern
passeggero *(m.)* .... Passagier, Fahrgast
passeggiare .... spazieren gehen
pasta *(f.)* .... Nudeln
pasticceria *(f.)* .... Konditorei
patata *(f.)* .... Kartoffel
pecora *(f.)* .... Schaf
pelle *(f.)* .... Haut
penna *(f.)* .... Kugelschreiber
pensione *(f.)* completa .... Vollpension
  mezza pensione *(f.)* .... Halbpension
pentola *(f.)* .... Kochtopf
pepe *(m.)* .... Pfeffer
pera *(f.)* .... Birne
percepire .... wahrnehmen
perché? .... warum?
personale *(m.)* .... Personal
pesca *(f.)* .... Pfirsich
pesce *(m.)* .... Fisch
pescheria *(f.)* .... Fischladen, Fischmarkt
pettine *(m.)* .... Kamm
petto *(m.)* .... Brust
piacere .... gefallen; schmecken
pianeta *(m.)* .... Planet
piano *(m.)* .... Stockwerk
  primo piano *(m.)* .... erster Stock
pianta *(f.)* .... Pflanze
piatto *(m.)* .... Teller; Gericht
  piatto *(m.)* del giorno .... Tagesgericht
  primo (piatto) *(m.)* .... erster Gang
  secondo (piatto) *(m.)* .... zweiter Gang, Hauptgericht
piazza *(f.)* .... Platz
piccolo .... klein
piede *(m.)* .... Fuß
pigiama *(m.)* .... Schlafanzug
pilota *(m. / f.)* .... Pilot(in)
pioggia *(f.)* .... Regen
pizza *(f.)* .... Pizza
poi .... dann
poliziotto *(m.)* .... Polizist
poltrona *(f.)* .... Sessel
pomeriggio *(m.)* .... Nachmittag
pomodoro *(m.)* .... Tomate
ponte *(m.)* .... Brücke
porta *(f.)* .... Tür
  dietro la porta .... hinter der Tür
Portogallo *(m.)* .... Portugal
portoghese *(m.)* .... Portugiesisch *(Sprache)*
posate *(f. Pl.)* .... Besteck
posta *(f.)* .... Post
postino *(m.)* .... Postbote
posto *(m.)* .... (Arbeits-)Stelle
potere .... können, dürfen
povero .... arm
povertà *(f.)* .... Armut
pranzare .... zu Mittag essen
pranzo *(m.)* .... Mittagessen
preferire .... bevorzugen
prenotazione *(f.)* .... Reservierung
presto .... früh; bald
prezzo *(m.)* .... Preis
prima .... vorher, zuerst; zunächst
  prima di mangiare .... vor dem Essen
primavera *(f.)* .... Frühling
primo .... erster, erste, erstes
  primo (piatto) *(m.)* .... erster Gang
  primo piano *(m.)* .... erster Stock
principe *(m.)* .... Prinz
principessa *(f.)* .... Prinzessin
prodotto *(m.)* .... Produkt
professione *(f.)* .... Beruf
prosciutto *(m.)* .... Schinken
pulizia *(f.)* .... Reinigung, Säuberung
punto *(m.)* .... Punkt

Q

quaderno *(m.)*	Heft
quando?	wann?
quanto?	wie viel?
quaranta	vierzig
quarantatré	dreiundvierzig
quartiere *(m.)*	Stadtteil
quarto	vierter, vierte, viertes
quattordici	vierzehn
quattro	vier
qui	hier
quindici	fünfzehn
quinto	fünfter, fünfte, fünftes
quotidiano *(m.)*	Tageszeitung

R

radio *(f.)*	Radio
raffreddore *(m.)*	Erkältung
re *(m.)*	König
reception *(f.)*	Rezeption
reclamare	(sich) beschweren
record *(m.)*	Rekord
regalo *(m.)*	Geschenk
regina *(f.)*	Königin
regione *(f.)*	Region
regolare	regelmäßig
rete *(f.)*	Netz
ricchezza *(f.)*	Reichtum
ricco	reich
ricetta *(f.)*	Rezept
riposo *(m.)*	Erholung
riso *(m.)*	Reis
risotto *(m.)*	Risotto
risposta *(f.)*	Antwort
ritornare	zurückkommen
rivista *(f.)*	Zeitschrift
rosso	rot
Russia *(f.)*	Russland

S

sabato *(m.)*	Samstag
sabbia *(f.)*	Sand
sala *(f.)* da pranzo	Esszimmer
sala *(f.)* di attesa	Wartezimmer
salame *(m.)*	Wurst, Salami
sale *(m.)*	Salz
salire	einsteigen, (hinauf)steigen
salute *(f.)*	Gesundheit
San Silvestro	Silvester
sapone *(m.)*	Seife
satellite *(m.)*	Satellit
scaffale *(m.)*	Regal
scala *(f.)*	Treppe
scanner *(m.)*	Scanner
scarpe *(f. Pl.)*	Schuhe
scendere	aussteigen, hinabsteigen
schermo *(m.)*	Bildschirm
schiena *(f.)*	Rücken
scimmia *(f.)*	Affe
scopa *(f.)*	Besen
scorretto	falsch, fehlerhaft
secchiello *(m.)*	kleiner Eimer, Eimerchen
secchio *(m.)*	Eimer
secondo	zweiter, zweite, zweites
secondo (piatto) *(m.)*	zweiter Gang, Hauptgericht
secondo *(m.)*	Sekunde
sedia *(f.)*	Stuhl
sedici	sechzehn
segretaria *(f.)*	Sekretärin
sei	sechs
semaforo *(m.)*	Ampel
sempre	immer
sensibile	feinfühlig, sensibel
sentire	hören; riechen; schmecken; spüren, fühlen
separarsi da (qualcuno)	sich von (jemandem) trennen
sera *(f.)*	Abend
serio	ernst
sessanta	sechzig
sessantacinque	fünfundsechzig
sesto	sechster, sechste, sechstes
settanta	siebzig
settantasei	sechsundsiebzig
sette	sieben
settembre *(m.)*	September
settimana *(f.)*	Woche
settimo	siebter, siebte, siebtes
siepe *(f.)*	Hecke
simpatico	sympathisch
singolo	einzeln, Einzel-
camera *(f.)* singola	Einzelzimmer
soggiorno *(m.)*	Aufenthalt; Wohnzimmer
sole *(m.)*	Sonne
sopportare	leiden können *(Personen)*, ertragen
sorella *(f.)*	Schwester
sorpresa *(f.)*	Überraschung
Spagna *(f.)*	Spanien
spagnolo *(m.)*	Spanisch *(Sprache)*
spalla *(f.)*	Schulter
spazio *(m.)*	Weltraum
spazzatura *(f.)*	Abfall, Müll
spazzolino *(m.)* da denti	Zahnbürste
spazzolone *(m.)*	Schrubber
specchio *(m.)*	Spiegel
spesa *(f.)*	Einkauf
spesso	oft
sportello *(m.)*	Schalter *(z. B. am Bahnhof)*
sposarsi con (qualcuno)	(jemanden) heiraten
squadra *(f.)*	Mannschaft
stampa *(f.)*	Presse
stampante *(f.)*	Drucker
stanza *(f.)*	Zimmer
stella *(f.)*	Stern
stivali *(m. Pl.)*	Stiefel
strada *(f.)*	Straße
in strada	auf der Straße

studente *(m.)* ... Schüler
studio *(m.)* ... Büro, Arbeitszimmer
su ... auf
  sulla tavola ... auf dem Tisch
subito ... sofort
succo *(m.)* ... Saft
sud *(m.)* ... Süden
Sudamerica *(m.)* ... Südamerika
sugo *(m.)* ... Soße
susina *(f.)* ... Pflaume, Zwetschge
Svizzera *(f.)* ... Schweiz

T

tappeto *(m.)* ... Teppich
tardi ... spät
tastiera *(f.)* ... Tastatur
tavola *(f.)* ... (Ess-)Tisch
  sulla tavola ... auf dem Tisch
tavolo *(m.)* ... Tisch
tazza *(f.)* ... Tasse
tè *(m.)* ... Tee
teatro *(m.)* ... Theater
tedesco *(m.)* ... Deutsch *(Sprache)*
telefonare (a qualcuno) ... telefonieren (mit jemandem)
televisione *(f.)* ... Fernsehen
televisore *(m.)* ... Fernseher
  davanti al televisore ... vor dem Fernseher
tempesta *(f.)* ... Sturm, Unwetter
tempo *(m.)* ... Zeit; Wetter
temporale *(m.)* ... Gewitter
tenda *(f.)* ... Vorhang
tennis *(m.)* ... Tennis
terra *(f.)* ... Erde; Erdboden
terrazza *(f.)* ... Terrasse
terzo ... dritter, dritte, drittes
testa *(f.)* ... Kopf
testimone *(m. / f.)* ... Zeuge, Zeugin
tirocinio *(m.)* ... Praktikum
toccare ... berühren
tollerare ... ertragen, dulden
topo *(m.)* ... Maus
toro *(m.)* ... Stier
torre *(f.)* ... Turm
torta *(f.)* ... Kuchen
tortellini *(m. Pl.)* ... Tortellini *(ringförmige, gefüllte Nudeln)*
tosse *(f.)* ... Husten
tovaglia *(f.)* ... Tischdecke
tovagliolo *(m.)* ... Serviette
traduzione *(f.)* ... Übersetzung
tranquillo ... ruhig
trattino *(m.)* ... Gedankenstrich
trattore *(m.)* ... Traktor
tre ... drei
tredici ... dreizehn
treno *(m.)* ... Zug
trenta ... dreißig
trentadue ... zweiunddreißig
triste ... traurig
turista *(m. / f.)* ... Tourist(in)

U

uccello *(m.)* ... Vogel
udire ... hören
undici ... elf
università *(f.)* ... Universität
uno ... eins
uova *(f. Pl.)* ... Eier
uovo *(m.)* ... Ei
uscire ... hinausgehen
uscita *(f.)* ... Ausgang, Ausfahrt

V

valigia *(f.)* ... Koffer
valle *(f.)* ... Tal
vasca *(f.)* da bagno ... Badewanne
vecchio ... alt
vedere ... sehen
vendita *(f.)* ... Verkauf
  venditore *(m.)* ... Verkäufer
venerdì *(m.)* ... Freitag
venire ... kommen
venti ... zwanzig
vento *(m.)* ... Wind
ventuno ... einundzwanzig
verde ... grün
verdura *(f.)* ... Gemüse
verso ... gegen *(zeitlich)*
  verso le tre ... gegen drei Uhr
vestito *(m.)* ... Kleid
via *(f.)* ... Straße
viaggiatore *(m.)* ... Fahrgast, Reisender
viaggio *(m.)* ... Reise
viale *(m.)* ... Allee
vino *(m.)* ... Wein
viola ... violett
violenza *(f.)* ... Gewalt
viso *(m.)* ... Gesicht
vita *(f.)* ... Leben
vittima *(f.)* ... Opfer
vivere ... leben
vocabolario *(m.)* ... Wörterbuch
volere ... wollen
volo *(m.)* ... Flug

Y

yogurt *(m.)* ... Joghurt

Z

zia *(f.)* ... Tante
zio *(m.)* ... Onkel
zucchero *(m.)* ... Zucker
zucchino *(m.)* ... Zucchini